텅 빔과 고요함 —

동양인은

왜 몸을 닦는가

텅 빔과 고요함

동양인 은 왜 몸을 닦는가

정용하 지음

KSI 한국학술정보㈜

책머리에

　인간의 생활은 자연환경으로부터 벗어나 자유로울 수 없으며 사회적 유기체로서 자연을 떠나 살 수 없다. 인간은 부단히 변화하는 자연과 사회질서 속에서 일정한 규율이나 원칙을 찾아내고 이를 연구하여 인간생활의 기본이념이나 기초질서로 삼아 왔다. 이렇게 자연 속에서 몸을 닦으면서 자연스레 이루어지는 천(天)과의 교감이 동양의 중심사상으로 자연스럽게 성장되어 온 것이다. 이 책은 동양사상의 핵심인 '하늘과 인간의 교감'은 무엇이고 마보참장공 수련과는 어떻게 연결되고 발전되어 갔는지, 몸의 단련이 중시되는 기수련을 중심으로 몸 수련의 방법과 원리를 알아보려는 목적으로 저술되었다.

　고대 동양인은 천인상응의 기본토대를 하늘, 땅 그리고 인간의 몸으로 보았으며, 몸수련의 배경에는 '기'가 작용된다고 보았다. '천인'을 연결시켜 준 통로는 '기'라는 개념을 빌려 설명되었다. 그리고 우주 또는 천과 인간의 관계는 우주의 일부분 내지 전부이지 동떨어진 관계가 아니라는 통합적인 사상에서 비롯되었다. 그러한 '기'가 음양이나 오행의 개념으로 설명되면서 '기'의 천문사상이 철학은 물론 동양사회의 정치, 윤리, 문화,

역사, 의학, 농업 등의 기본 사유체계를 이루게 되었다. 그런 기 사상은 아무래도 도가에서 먼저 언급되었다고 봐야 할 것 같다. 일반적으로 기수련을 먼저 주창한 것도 도가로 보고 있으며 몸을 중시하는 도가의 역사를 놓고 보더라도 기수련에 대한 역사나 분류, 수련방법에 대한 연구가 타 학문 분야보다 양적으로나 질적으로 월등하다고 보기 때문이기도 하다.

'기'의 기초는 전국시대(B.C. 403~221) 제나라에서 발달한 초기 황노학의 저서인 『황제사경』과 잘 알려진 고사성어 관포지교의 관중이 지은 『관자』에서 정기(精氣)를 내세워 설명되었다. '기'로 인하여 우주에 대한 인식과 국가론의 새로운 가능성이 개척되었고 우주론과 수양론이 확립되는 단초가 되었다. 그리고 중기 황노학에서 천인관계에 대한 구체적인 사유체계가 집대성되었다. 현실적으로 인간의 몸에 기와 음양오행을 적용시킨 『황제내경』은 한의학의 이론적인 기초가 되었고, 전한시대(前漢, 기원전 206~8년)에 하상공이 노자도덕경에 주를 달았다는 『노자하상공장구』는 양생학적인 해석으로 도가 양생 성립의 기초를 마련해 주었다. 이후 유가의 대두로 황노학은 쇠퇴하여 개인수양론으로 흘러갔다.

또 신선사상에서 황노학으로 연결된 천인상응이란 천지인 삼재사상에서 천과 지와 인간의 합치와 통일, 상응으로 서로의 조화를 모색하는 관계론적인 표현이다. 이런 관계는 상고시대의 주재적인 천(天)에 대한 두려움으로 무당이 제사와 춤으로 그 경외심을 표시했고 전국시대에는 신선사상으로 나타나게 되었다.

황노사상은 전국시대의 제나라 직하학궁을 중심으로 모든 사상을 황제와 노자의 이름을 빌려 만들어진 사상이다. 이 사상은 고대중국의 유, 묵, 명, 법 등 제가의 장점을 도가 중심으로 흡수 통합하여 발전시켜 나갔다.

황노학의 영향을 받은 유가의 동중서(전한시대: 董仲舒, B.C. 170?~B.C. 120?)가 저술한 『춘추번로』에서 천인감응론을 내보임으로써 천인관계에 대한 연구는 한(漢) 무제 때에 급진전을 이루게 되었다. 천(天)의 모습이 사람에게 나타난다는 『춘추번로』 중의 「인부천수」에서 천인관계론은 동양사상의 주류를 만들어 갔다. 이러한 천(天)의 속성은 개인수양의 차원에서 텅 빔과 고요함으로 나타났다. 주재적인 신의 개념에서 인지의 발달로 천(天)의 개념이 이법적인 자연의 대상으로 바뀌어 왔지만 천(天)이 지닌 속성은 언제나 인간의 근본사상을 이루는 뿌리로서 자리하고 있다. 이에 상응하여 유가(儒家)에서는 인간의 덕과 인 개념으로 성(性)을 계발하려는 노력이 지속되었다.

도가 양생기공은 자연과의 조화를 모색하고 그 속에서 몸의 무병장생을 기하려는 지혜의 총화이기도 하다. 몸의 건강함은 마음과 연결되어 있다는 심신일여의 법칙을 설정하였다. 이러한 도가사상의 핵심은 천(天)의 속성과 마찬가지로 텅 빔(虛)과 고요함(靜)이다. 양생술의 기본은 형신통일(形神統一)의 생명관과 성명쌍수(性命雙修)의 수련체계, 귀근복명[(歸根復命)＝역수반원(逆修返源)]의 선도이론이다.

여기서 언급하고자 하는 참장기공은 고대 동양인의 건강술과 무술의 내공을 쌓는 기본자세이다. 마치 말을 탄 것처럼 무릎을 굽히고 말뚝처럼 우두커니 서 있는 이 자세는 내공을 기르고 장부를 단련하여 천지의 기를 얻는 지름길이며, 모든 동양수련의 궁극인 천인상응의 원리와 관련되어 있다고 알려져 왔다. 특히 소림내경일지선의 마보참장 수련은 입정(入靜)하지 않고도 자세만 유지하면 자연스럽게 선(禪)에 이르러 결과적으로 천인상응을 이룰 수 있다고 본다.

유기체론의 총체로서 음양오행에 입각한 '기'의 개념을 도입한 참장수련은 몸에 대한 이원론적 사유체계를 거스르는 천인상응을 목적으로 한다. 자연과의 상응관계를 접어 두고 기계론적 사유로 우주를 보는 인식체계에 빠져 있는 현대과학에 대한 문제해결책으로 전일적 접근의 인식론이 다시 모습을 드러낸 것이다. 이러한 인식론 아래에서 몸을 중심으로 형신(形神)의 일여(一如)와 통일 그리고 성명(性命)을 함께 닦으려는 성명쌍수(性命雙修)의 노력이 탄력을 받고 있다.

참장수련의 궁극인 귀근복명을 목적으로 하는 수련방식은 사상적인 측면에서 천(天)의 특성과 일치하고 있다. 그리고 참장수련에서의 무심(無心)은 거욕(去慾)에서 출발하여 '내맡김'과 '실천지(實踐知)'로 나아가는 천인상응의 과정을 함축하고 있는 것이다. 이러한 과정을 통하여 자연히 드러나는 것은 깨달음(神明)일 것이다.

결국 동양사상의 핵심이 함축된 우리의 살아 있는 몸을 닦는 이유로 인간이 돌아가야 할 근본 자리를 천(天)으로 놓고 볼 때,

천(天)의 특성인 '텅 빔(虛)'과 '고요함(靜)'에 도달하기 위한 하나의 방법으로 음양의 조화와 수승화강(水昇火降)의 원리를 구현하는 것이 참장수련임을 이 책에서 밝히고자 하는 것이다.

끝으로 이 책의 출판을 쾌히 승낙해 주신 한국학술정보(주)와 이 책의 집필을 실현시키는데 노고가 컸던 도서기획팀 김남동님, 편집부 김매화님, 정형일님, 그리고 원고가 아담한 책으로 바뀔 때까지 계속해서 애를 써 주신 편집부 여러분에게 충심으로 감사를 표하는 바이다.

정용하 씀

차 례

들어가며

동양인의 몸

수신(修身)이란 몸을 닦아 성(性)의 본질을 회복한다는 의미이다. 동양에서 몸을 닦는 수신은 모든 경영하는 일의 시작이라고 했다.[1] 이를 위해 동양의 선인들은 몸을 닦는 수행에 많은 노력을 기울여 왔다. 그리고 몸을 닦기 위해 음양이 균형을 이룬 '천지(天地)'의 생명에너지를 기운체[2]인 몸으로 돌아오게 하는 도가기공은 장구한 역사를 가지고 있다. 고대로부터 동양에서는 우주의 주재자이며 이법적인 '천(天)'과 생명에너지의 근원으로 여기는 '기(氣)'의 작용에 순응하려고 노력하였다. 그 작용과 원리에 대한 과학적 접근은 아직 미비한 상태에 있지만 '천인상응관(天人相應觀)'이나 '기(氣)'에 대한 동양인의 사고는 뿌리 깊은 역사를 가지고 있다.

또 인체 내에 '기(氣)'를 모으는 훈련은 지금까지도 동양에서 꾸준히 내려오고 있으며 세계로 확산되는 추세이다. 오늘날 서방세계에서 인기를 끌고 있는 다양한 수련법(요가, 태극권, 기

---

1) 『대학(大學)』 8장. 修身齊家; 所謂齊其家, 在修其身者, 人之其所親愛而辟焉, 之其所賤惡而辟焉, 之其所畏敬而辟焉, 之其所哀矜而辟焉, 之其所敖惰而辟焉. 故好而知其惡, 惡而知其美者, 天下鮮矣.

2) 김정명, 『체육철학연습』. 여기서 김정명은 인간의 몸을 동양의학의 기형질론(氣形質論)에 입각하여 인간의 몸을 기운체(氣運體), 기능체(技能體), 기질체(器質體) 등으로 분류하였다.

공, 동방무예, 명상수련 등)들은 '기'의 운용원리와 밀접한 관계에 있다. 기 수련과 적절한 명상, 운동은 심신의 기능을 원활하게 하여 정신적으로 지치고 몸의 활동이 부족한 현대인에게 건강과 장수의 비결로 제시되기도 한다.

기수련을 중시하는 도가기공은 궁극적 목표를 귀근복명(歸根復命)으로 설정하였고, 이를 달성하기 위한 수단으로 성명쌍수론(性命雙修論)을 표방하였다. 성명을 닦기 위한 노력으로 고대 동양인은 '기(氣)'를 단전에 축기하기 위해 이불 속을 연구대상으로 삼아 독특한 수련 형태를 만들기도 하였다. 심지어 여러 황제들은 신선에 대한 동경이 지나친 나머지 연단술로 빚은 단약을 복용하여 사망하기도 하였다. 그럼에도 불구하고 장생불사와 더불어 복명을 얻으려는 부단한 노력이 지속된 이유는 그만한 가치가 있다고 여겼기 때문이며 그러한 노력은 현대에도 지속되고 있다. 도가기공에 현대인들이 주목하는 이유는 우주와 인간의 몸을 구성하는 물질을 '기(氣)' 또는 '공간에너지'[3]라고 보는 개념이 적합하다고 여기기 때문이다.

근래 들어 '기(氣)'에 대한 관심의 고조는 몸의 정체성을 알려고 시작하면서부터이다. 그래서 몸의 정체를 파악하기 위한 통로로 '기(氣)'라는 개념이 다시 중요한 과제로 떠오르고 있는 것이다. 몸의 정체성을 수행자의 관점에서 파악하고자 하는 몸학

---

3) 허창욱은 공간에너지라고 하였다.

(Somatics)4)과 '기'를 단련하는 도가기공은 궁극적으로 동일한 접근법이 사용되고 있다. 현대인에게 몸의 중요성이 부각되면서 몸학에서 사용하는 의식의 변용(Altered state of consciousness)5)으로 자기 책임하에 우주론적인 자연관이나 생명관을 찾으려는 것이 현대사조이다. 이러한 현대사조에 견주어 실용주의적 관점으로 도가기공과 연계하여 몸을 고찰하는 것은 매우 고무적인 연구 과제라고 여겨진다.

과거의 과학 발달은 제2차 세계대전으로 이어졌고 또 20세기를 견인하는 주요한 요인으로 작용하여 모더니즘의 사상적 뒷받침을 제공하였다. 현대사조의 흐름을 조망하면 New Age에서 시작되어 퓨전의 전성기를 거치고 Post Modernism으로 이어져 왔다. 뒤이어 21세기에는 몸의 정체성에 대한 자각이 일어나는 문화시대의 전성기로 이어질 것으로 예측된다. 그 이유는 이지 (理智)의 발달로 인지적, 감성적, 영성적인 부분에서 각기 괄목할 만한 신장을 이루었지만 인간의 좌표 설정과 앞으로 나아가야 할 방향은 어두움에 쌓여 있기 때문이다. 몸을 통한 내적 자각의 학습과 이를 통해 인간의 본성을 찾는 방법은 몸을 연구하는 것이다. 이러한 시도는 자기 삶에 의미 있는 일이며 몸의 경험

---

4) 김정명에 의해 제창된 Somatic을 말한다. '완전한 신체'라는 희랍어(soma)에서 유래되어 Thomas Hanna(1929-1990)에 의해 1976년부터 사용되기 시작했다고 한다. 토마스 하나는 인체를 구조적인 측면으로만 보아 오던 과거의 관점에서 벗어나 정신과 육체를 하나의 통합된 개념으로 인식하였다.

5) 기(氣)나 피라미드 에너지 등 '비과학적인' 주제들을 다루는 신과학기술은 눈에 보이는 기존 과학의 논리를 뛰어넘는다. 생체를 둘러싼 에너지장의 존재를 증명한 생명장 이론, 불규칙한 자연현상을 설명하는 카오스 이론, 음악을 이용한 에너지 농법, 파동을 기억시킨 물로 질병을 다스리는 치료법, 피라미드 안에서 활성화된 생물체, 히란야의 효능 등이 현장에서 실현되고 있다.

과 감각을 통해 자신이 무엇을 하고 있고 어디로 가야 하는지에
대한 해답을 제시해 준다.

　동양에서 천(天)과 인간(人)의 관계는 3,000여 년의 역사와 더
불어 그 사유방식이 정치, 사회, 문화, 철학, 의학 등의 제 분야
에 막대한 영향을 끼쳤다. 그 영향력이 지대하여 현세까지 이어
져 온 천인관계의 사유체계는 우리 전통문화의 커다란 축이라
고 할 수 있다. 아직도 그 문화는 유효하게 현실 속에 살아 있으
나, 산업화·정보화 시대의 문화사조에 잠식당하여 점점 잊히
고 소외되어 구시대의 가치로 전락돼 가고 있다. 그러나 아무리
시대가 변해도 우리 사유체계의 근본으로 성립된 천인관계의 주
요한 특징적인 것들이 현대사회의 정신문명을 떠받드는 주춧돌로
유지되고 있어 이에 대한 연구는 충분한 가치가 있다고 여긴다.
　천(天)에 대한 개념은 통합적이고 전체적인 개념으로 사용되
어야 함에도 인지의 발달에 따라, 또는 시대의 조류에 따라 다
른 견해를 펼치고 있는 실정이다. 천(天)은 변함없는 그 자체임
에도 불구하고 각기 다른 모습으로 보이는 것은 천(天)이 아니라
오히려 인간의 각기 다른 성품에 기인한다. 다양한 천(天)의 진
면목을 있는 그대로 바라볼 수 있는 인간의 능력과 안목을 배양
하는 것은 매우 중요하다. '도(道)'라는 개념을 도입한 도가에서
는 도가의 전유물로 사용하는 '기(氣)'와 맹자의 호연지기가 또
다른 '기(氣)'가 아니듯이 유가의 '천(天)'도 유가만의 '천(天)'은
아니다. 이는 후세의 추종자들이 자기 분야의 우월성을 내세우

기 위한 방편으로의 생각이 작용했거나 자기 분야의 특출한 진전을 기하는 과정에서 부분적인 면이 부각된 탓이다. 균형 있고 통일성이 있으며 통합성을 나타내는 학문의 시야를 확보해야 참모습이 보이듯 부분의 연구를 합하여도 결코 전체의 윤곽을 볼 수는 없다. 예를 들어 유가에서 주로 정치적인 목적에서 조망하는 주재적인 천인관계와 의가에서 의학적인 면으로 부각시킨 자연관에 입각하여 이를 바라보는 것이 현재 천인관계의 수준이다. 몸과 마음이 분리될 수 없듯이 천인관계도 떼어 놓을 수 없는 관계이다. 그래서 천(天)에 대한 연구는 한쪽으로 치우치는 그릇됨이 없이 유기체적인 입장에서 전체의 모습을 균형 있게 바라보려는 노력이 필요하다.

근대의 정신문명은 과학문명에 기인하여 더불어 발전해 왔으며 상호 동반자적인 관계였다. 이러한 발달에 힘입어 고대로부터 주재적인 신에 의해 지배당하였던 정신문명의 사유체계가 이에서 벗어나 인간중심의 사유체계로 자유롭게 되었다. 또한 과학문명의 발달은 인간에게 생활의 편리함과 쾌적함을 안겨 주었다. 이에 따라 인간의 몸 사용이 소극적인 생활방식으로 변하였고 사유체계는 자연으로부터 멀어져 가는 문명사회를 형성하게 되었다. 문명사회의 이지러진 면과 함께 인간끼리의 소외감도 동시에 발생하는 부정적인 결과가 초래되었다. 현대문명의 자그마한 달콤함으로 인해 우리의 눈은 자연이 주는 커다란 은총을 못 보게 되었다. 이는 몸을 도외시하는 놀이문화에서부터 출발된 성장과정에서 오는 영향이며 몸을 사용하는 것이 어색하게 여겨지는 그릇된 문화의 탓이라고 본다. 그래서 자연을 중시하는 사유체계에 바탕을 둔 천인관계에 대한 의식을 불필요하게 여기게 되었다.

인간의 영혼을 담고 있는 몸에 대한 담론은 그동안 다소 지지부진했었지만 지금은 그 가치를 인정하고 몸에서 우주의 실체와 인간의 존재이유를 모색하려는 노력이 계속되고 있다. 이러한 노력은 단순하고 쉽게 이루어지는 것은 아니다. 우리는 선인들의 피와 땀의 노력으로 결실을 맺은 수련이라는 선물을 이미 받아 몸에 지니고 있었다. 그럼에도 불구하고 많은 사람들이 수련을 어렵고 진부하게 여겨 몸을 떠나거나 흥미 위주의 운동에 참여하고 있다. 조상의 지혜로 개발되어 내려온 수련에서 몸의 정체성을 구명(究明)하는 새로운 모색이 필요하다.

제1부

참장수련과 동양사상의
중심이 되는 하늘

1. 무(巫)와 신선학설

1) 제사를 주관하는 무(巫)

고대사회에서 자연과 인간의 관계는 자연의 지배를 받는 존재로서의 인간이었다. 자연과 더불어 하늘은 경외의 대상이었고 신의 의미를 동시에 지니고 있었다. 그러나 천(天)은 창조주로서의 종교적인 신은 아니었다.

고대사회에서 하늘과 인간을 연결시켜 주는 무(巫)가 있었고 그 역할은 막대하였다. 무(巫)는 하늘과 통할 수 있는 수단과 자격을 겸비하고 있어서 무의 우두머리는 제왕적 위치를 점하고 있었다. 그러한 무(巫)가 제사를 주관했던 것으로 보인다. 예를 들면 제사장소로 사용되는 유적 중 요녕성 동산취(東山嘴)에서 발견된 홍산문화(紅山文化)의 대형재단이 있다. 부근에 사람이 거주했던 흔적이 없어서 학술계에서는 부락 혹은 부락연맹이 종교제사 때에 사용하는 공공장소로 추측되고 있다. 제단이 산부리에 세워져 있고, 임산부의 조소상(彫塑像)이 출토된 것으로 미루어 볼 때, 제사의 대상은 대개 산천의 신, 생식여신과 토지신일 것으로 보고 있다.

은(殷)나라 시대에 귀신숭배가 성행하여서, 길흉(吉凶)을 점치고 복을 빌고 재앙을 물리치는 무당(巫堂)6)이 있었다. 은나라는 제정일치사회로 왕을 무당 왕(巫王: sham-an king)이라고 했다. 갑골복으로 대표되는 상(商)대의 점복활동은 샤머니즘으로 볼 수 있다. 갑골복에서 신탁을 내리는 주체는 상왕의 조상인 '제(帝)'이며 점복인은 중개인 역할을 하는 것이었다. 은(상)나라에 왕이 신령과 서로 교합하는 의식이 있었고, 그 만남은 중개인을 통해 신령과 만나는 형식이었다. 그 방식은 부정확하지만 춤과 음악, 술 등이 중요한 역할을 했던 것으로 보인다. 은대의 최고 신은 상제(上帝)라고 표현되었다. 왕이 죽으면 제가 된다고 여겼다. 제와 인간과의 교류를 샤먼이 담당하고 있었다. 기원전 4세기부터 음양과 오행이 이론화되면서 오제(五帝)라는 개념이 형성되었고 황제(黃帝) 신화가 철학과 종교에서 중요한 역할을 담당하게 되었다.

은의 멸망 이후 민족구성과 문화 성격이 다른 주(周) 왕조가

---

6) 한자를 빌려 '巫堂'으로 적기도 한다. 무당의 직능은 사제(司祭), 주의(呪醫), 예언자이다. 사제란 공물(供物)과 기도로써 신의 뜻을 탐지하는 제의(祭儀) 주재의 구실이며, 주의는 주문으로 병을 고치는 의사라는 뜻으로, 질병, 흉사 등의 근원이 되는 악령을 구축하는 일을 담당한다. 그리고 예언자인 무당은 인간의 능력으로는 알지 못하는 미지의 세계를 신을 통하여 판단하는 길흉점복(吉凶占卜)의 예언을 한다. 샤먼에 대한 고찰은 제5장에 있다.

들어서면서 정종(政宗)이 분리되어 '제'를 모시는 무(巫)를 탄압하고 덕을 내세우게 되었다. 이는 은(殷)과 달리 주(周) 왕실은 천(天)을 최고신으로 여겼기 때문이었다. 천(天)은 '제'와는 다른 모습이었다. 주 왕실은 새로운 왕실에 권위를 부여하기 위해 주 왕실이 천자(天子)라고 주장했다. 천명에 의한 외적인 힘을 부여받은 천(天)의 아들이라는 권위를 갖고자 했던 것이다. 주 왕조의 수호신인 천(天)을 계승하고, 한편으로는 유가를 채택한 한(漢)나라에서 정종(政宗)이 완전 분리되어 무(巫)의 위치는 더욱 격하되었다.

이를 알려 주는 『서경』의 편찬은 유가가 중심이 된 한대에 이루어졌기 때문에 「시경」이나 「서경」에 기술된 은 대의 문화는 일정부분에서 주 대의 관점이 반영되고 있다. 이들 기록에 등장하는 왕 주위의 수많은 무(巫)와 축융(祝融), 민간의 무풍은 위계가 낮아지고 축소되었다. 이를 반영하여 '무'를 '음사(淫祠)' 또는 '음사(陰祀)'로 규정하여 기록되었고, 은의 풍속은 '무풍(巫風), 음풍(陰風)'이라고 천시되었다. 여기서 음사란 무당의 굿을 말하는데 음(淫)은 성(性)이 아니므로 유교적 가치관에서 볼 때 부정적인 종교행위가 되는 것이다. 한대의 집권층이 유가를 중심으로 사상체계를 변환하고 있을 때 상대적 열세인 도가와 무(巫)가 결합하여 민간도교로 전환되었다. 중원을 중심으로 한 북부지역은 주 대를 거치면서 무(巫) 문화권에서 이탈되었으나 남방은 여전히 무 문화권으로 남게 되었다.

2) 무(巫)의 의료역할

　은나라 사람들은 무당이 비범한 신통력을 지녀 하늘을 오르 내리고, 귀신과 교통하며, 병을 없애고 치료하며, 죽은 사람을 깨워 살릴 수 있으며, 어떤 특이한 정신세계에 도달할 수 있다고 여겼다. 은나라의 무당은 제사와 기도로 사람의 병을 치료하였다. 그들은 병의 발생 원인을 상제(上帝)가 병을 야기하고(조병(肇病)), 귀신이 재앙을 일으키고(작수(作祟)), 조상이 책망을 내리는 것(강구(降咎))으로 보았다. 이런 생각으로 은나라 사람들은 병에 걸리면 병을 물리치는 주요 수단으로 귀신과 조상에게 제사를 지냈다. 이런 기록은 복사(卜辭)에도 매우 많은데, 복사(卜辭)란 은 대의 무사(巫士)들이 국가의 중요한 일을 결정하기 위해 점을 쳤던 기록을 말한다. 또한 무당은 안마, 침, 뜸, 약물 등을 사용하여 사람의 병을 치료하기도 하여 무당과 의사의 구분이 없었다. 복사(卜辭) 중에 무당 조(女皀)가 안마로 병을 고치고, 무당 매(妹)가 어린아이에게 뜸을 시술하고, 무당 주조(咒柬)가 은나라 왕 무정(武丁)의 학질을 치료했다는 기록이 보인다. 무당이 의사를 대신하는 이와 같은 풍속은 후대에 의가 축유과(醫家祝由科)[7]와 도교 부록파(符籙派)[8]에 계승되었다. 『여씨춘추(呂氏春秋)』「진수(盡數)」에 "무의가 독한 약으로 병이 나은 다음에 치

---

7) 약물이 아닌 부주(符呪)에 의존하는 일파.

8) 부(符)는 부적을 가리키고, 록(籙)은 비단에 선계나 천상의 관직 이름을 기록한 것으로, 부록은 천신과 교통하고 요귀를 물리치는 신비한 능력이 있다고 믿는 도교의 일파.

료하였다."9)는 기록이 보인다.

그리고 『설문해자(說文解字)』에서 "무(巫)는 무축(巫祝)이다. 여자가 형체가 없는 대상을 섬겨서 춤을 춤으로써 신을 강림하게 하는 자이니, 양 옷자락을 휘날리며 춤추는 사람을 형상화한 것이다."10)라고 해설되어 있다. 은나라 시대 무당의 주요 역할은 귀신과 교통하는 것이었고, 춤과 노래로 신령을 감동시키는 것이었다. 무당의 이러한 춤은 사회로 전파되어 마침내 하나의 풍속이 되었다. 『상서(尙書)』「이훈(伊訓)」에서 "무(巫)는 노래와 춤으로 신을 섬긴다. 그러므로 노래와 춤은 무당들의 풍속이 되었다."11)라고 하였다. 『여씨춘추(呂氏春秋)』「고악(古樂)」에서 백성들의 건강술로 춤을 추도록 했다고 전해지고 있다.

> 옛날 도당씨(陶唐氏: 요(堯)임금)가 나라를 처음 다스릴 때 음기가 많이 쌓여 적체되자, 물길이 막혀 흐르지 못하고 백성의 기운도 막히고 적체되어서 근육과 뼈가 수축되어 펴지지 않았다. 그래서 춤을 만들어서 백성의 기운이 소통되도록 하였다.12)

나비(羅泌)의 『로사·전기(路史·前紀)』 9권에서도 큰 춤은 관절이 막혔을 때 막힌 곳을 소통시켜 주는 역할을 한다고 했다. 그리고 춤을 신선과 샤머니즘의 매개체로 보았다.

---

9) 『呂氏春秋』「盡數」: 巫醫毒藥, 逐除治之.

10) 巫, 巫祝也, 女能事無形, 以舞降神者也, 象人兩褎舞形.

11) 巫以歌舞事神, 故歌舞爲巫之風俗也.

12) 『呂氏春秋』「古樂」: 昔陶唐氏之始, 陰多滯伏而湛積, 水道壅塞, 不行其原, 民氣鬱閼而滯著, 筋肉瑟縮不達, 故作爲舞以宣導之.

사람은 몸 안이 답답하면 피부가 막히고 몸이 무겁게 된다. 관절을 잘 움직이게 하는 방법을 찾아 춤을 만들었다. 사람들에게 춤을 가르쳐 막힌 곳을 잘 소통하게 하였으니, 이를 '대무(大舞)'라고 이름한다.[13]

한대 이전에 선(仙)의 옛글자(古字)로 쓰였던 선(僊)의 본뜻은 춤과 관련이 있는데, 무(巫)는 갑골문에서 무자(舞者)의 형상을 본떠 만들어져 본래는 무(舞)와 같은 글자였던 것이 변천되어 오늘에 이른 것이다. 이 때문에 결국 신선과 샤머니즘은 춤을 매개로 발생론적인 관계가 있는 것이다(정재서, 1994, 66). 후대에 이러한 춤 중의 일부 동작, 가령 짐승들이 나무를 움켜잡고 오르는 모습, 뒤로 힐끗힐끗 돌아보는 모습, 뛰는 모습, 날개 펴는 모습 등을 모방한 일부 춤동작은 최초의 도인술(導引術)로 발전되었다. 춤의 이런 효능은 동한(東漢)의 부의(傳毅)가 『무부(舞賦)』에서 "정신을 즐겁게 하고 늙음을 잊게 하며, 영원히 사는 방법이다."[14]라고 말한 것과 같다.

무당이 신을 내리게 하는 동작을 행할 때는 일종의 특수한 정신 상태로 들어가게 된다. 『國語』「초어(楚語)」에서 무(巫)의 정상(精爽)에 대해 한결같아 둘로 나누어지지 않고 정성스럽고 순일(純一)한 것이라고 설명되었다.

옛날에 사람과 신은 분리되어 있었다. (다만) 백성 가운데 '정상(精爽)'하여 분리되지 않은 자는 한결같이 경건하고 바르고

---

13) 人旣鬱於內, 腠理㙂著而多重腿, 得所以利其關節者, 乃制爲之舞, 敎人引舞以利道之, 是謂大舞.
14) 娛神遺老, 永年之術.

곧았다. 그 지혜(智)는 사람과 신이 모두 마땅한 자리를 얻게
할 수 있었고, 그 성덕(聖)은 멀리까지 빛날 수 있으며, 그 눈
밝음(明)은 신령을 환하게 볼 수 있고, 그 귀 밝음(聽)은 신령
의 소리를 들을 수 있었다. 이에 신이 그들에게 내리니, 남자
는 박수(격(覡))라 하고 여자는 무(巫)라고 하였다.[15]

무당이 갖추어야 할 조건으로 정(精), 지혜, 성덕, 눈 밝음, 귀
밝음을 들 수 있는데, 나중에 도교에 흡수되어 내단 수련 시에
요구되는 사항이 되었다. 고대 원시 무교(巫敎)에서 행해졌던 귀
신숭배, 그리고 신을 내리게 하고 몸을 단련하던 무술(巫術)은
도교에 그대로 계승되었다. 또한 도교의 다신 숭배와 방술로 변
모하여 기도로 재앙을 물리치고 병을 치유하는 연원이 되었다
(이원국 지음, 28-32).

한편 무(巫)의 주술적인 신통력을 이용하여 의(醫)[16]의 역할을
했을 것으로 추측된다. 그 이유는 『산해경(山海經)』에서 '무'가
하늘과 통하는 신령스런 산을 오르내리며 온갖 약초를 구비하
여 사용하였음을 보여 주고 있기 때문이다.

하늘 가운데 영산이 있는데, 무함, 무즉, 무반, 무팽, 무고, 무
진, 무례, 무저, 무사, 무라 등 열 명의 무(巫)가 있었다. 이들

15) 古者民神不雜, 民之精爽不携貳者, 而又能齊肅衷正, 其智能上下比義, 其聖能光遠宣朗, 其明能
光照之, 其聰能聽徹之, 如是則明神降之, 在男曰覡, 在女曰巫.
16) 병을 치유하는 수단으로 술을 들 수 있다. 햇곡식이 처음 소출되면 이를 빚어 술로 만들어 제삿
날에 맞춰 올려야 하나 소출일과 제삿날과 일치하지 않았다. 그래서 햇곡식을 제사 때까지 보존
할 수 있도록 곡식의 품격을 상승시켜(발효하여) 술(酒)을 만들게 되었다. 또 술을 제기(祭器)에
담아 제상(祭床) 위에 올려 제상의 최고 존귀한 위치에 놓게 된다. 술은 제(帝)에게 경배를 표시하
는 대표적인 음식이다. '무'도 제상(祭床)을 형상화한 것으로 '무'가 술을 지니고 제사를 지내거나
치료용으로 사용되었을 것이다. 의 자(醫字)의 받침(酒)에서 나타나듯 술을 기본적으로 가지고 있
는 자가 의사의 자격으로 신성한 곡식이 발효된 술로 치료를 했다고 유추된다.

은 이곳에서 오르내리며, 온갖 약재가 있었다.[17)]

실제로 고대에는 무의(巫醫)가 같은 역할을 하다가 사회발전에 따라 무당과 의사로 분업화되었다. 그러나 『황제내경』에 "무(巫)를 믿지 마라."고 하였다. 이는 당시 많은 이들이 질병치료를 위해 무당에게 가서 치유를 목적으로 주술[18)]적인 방법에 의존했던 것으로 짐작된다. 이는 샤머니즘적인 요소로서 어느 민족에게나 있었던 역사적인 과정으로 보인다.

3) 신선학설

신선(神仙)학설은 중국의 전국시기에 등장하였는데 그 사상은 불사(不死)의 개념에서 출발되었다. 신선(神仙)에서 신(神)이란 『역(易)』 「계사(繫辭)·상」에서 '음이 되고 양이 되는 헤아릴 수 없는 변화의 도리'[19)]라고 했다. 『순자』 「천론(天論)」에서는 '만물은 천지인의 흐름대로 자연스럽게 변화하고 조화를 이룬다'고 했다. 즉 만물은 자연의 흐름에 따라 양육함을 얻어 점점 성숙해진다고 여겨 '신이란 그 일을 보지도 않고 그 공을 아는 것'[20)]

---

17) 「大荒西經」: 大荒之中 有靈山 巫咸 巫卽 巫肦 巫彭 巫姑 巫眞 巫禮 巫抵 巫謝 巫羅 十巫 從此昇降 百藥爰在.

18) 인간의 일상적인 문제를 초자연적인 특수 능력에 호소하여 해결하려고 하는 일련의 기법(技法).

19) 一陰一陽之謂道. 繼之者善也. 成之者性也. 仁者見之謂之仁, 知者見之謂之知, 百姓日用而不知, 故君子之道鮮矣. 顯諸仁, 藏諸用, 鼓万物而不与聖人同憂. 盛德大業至矣哉. 富有之謂大業, 日新之謂盛德. 生生之謂易, 成象之謂乾, 效法之謂坤, 極数知来之謂占, 通変之謂事, 陰陽不測之謂神.

20) 萬物各得其和以生, 各得其養以成, 不見其事而見其功, 夫是之謂神.

이라고 보았다.

『설문해자(說文解字)』를 보면 선(仙)은 '오래도록 살다가 신선이 되어 떠나가는 것'이라고 주석되었다. 그리고 선인(仙人)이란 산(山)에 사는 사람을 의미한다. 산을 놓고 볼 때 산이란 하늘과 가장 가까운 곳이고, 또 거대함의 상징으로 고대나 현대를 막론하여 인간에게 보여주는 신비함의 표상으로 여겨진다. 그리고 선(仙)과 선(僊)은 동일한 의미의 글자로 보인다. 선(僊)은 춤춘다는 의미와 선인(僊人)을 지칭하는 용어로 전화되며, 선인(僊人)은 비선(飛仙)의 관점이 내포되어 있다.[21] 새털처럼 가벼운 우인(羽人)과 같이 하늘로 날아 올라갈 수 있는 사람이란 의미가 깔려 있다. 그러한 우인을 동경했던 한 무제(漢 武帝)는 우화등선(羽化登仙)을 추구했는데, 방사와 신선가 무리를 굳게 믿어 산에 제사를 지내고 봉선(封禪)[22]하며 조왕신에게 제사를 하면서 은근히 신선이 되기를 기원하였다.

『한서』에서는 "신선은 성명(性命)의 참됨을 보존하고 인간 세계 밖에서 노니는 자이다. 뜻을 넓게 하고 마음을 평안하게 하여 생사를 하나의 영역으로 간주하니 가슴에 두려워하는 마음이 없다."[23]라고 풀이 되었다. 또한 『장자(莊子)』는 인간에게 세 가지 근심인 질병·노쇠·죽음이 없어져 천지간에 자유로이 소

---

21) 김일권, 「진한대 방사의 성격과 방선도 및 황노학의 관계 고찰」『동국사학』, 동국사학회, 2008, 93쪽.

22) 〈네이버사전 역사〉옛날 중국에서, 천자(天子)가 흙으로 단(壇)을 만들어 하늘에 제사 지내고 땅을 정(淨)하게 하여 산천에 제사 지내던 일을 말한다.

23) 『漢書』「藝文志」; 神仙者, 所以保性命之眞, 以遊求于外者也, 聊以蕩意平心, 同死生之域, 而無 沈惕于胸中. 33쪽.

요할 수 있는 것이 신선의 경지라고 보았다.

세상이 잘 다스려 질 때는 만물과 더불어 번창하고, 세상이
잘 다스려지지 않을 때는 덕을 닦아 고요한 삶을 누린다. 천
년을 살다가 세상이 싫어지면 이곳을 떠나 신선이 되어 올라
간다. 저 흰 구름을 타고 천제(天帝)가 사는 이상향에 도달하
니 세 가지 근심에 이르지 않고 몸에는 항상 재앙이 없다.[24]

『장자(莊子)』나 『초사(楚辭)』 등의 선진 문헌들 속에서 신선들
의 모습을 구체적으로 묘사하는 것은 당시의 사람들이 신선을
흠모하고 있었음을 나타내고 있는 것으로 보인다.

신선사상의 방선(方僊)이란 개념에서 방(方)[25]은 일부명사에
붙어서 방위(方位)를 나타내는데 여기서는 '선인이 되는 방향'으
로 방향성의 의미로 사용되는 것 같다. 방선도(方僊道)란 용어가
사마천의 『사기』 「봉선서(封禪書)」에 처음 나오는데, 제(齊)나라
추연(鄒衍)[26]이 만든 음양오행[27]을 설명하면서 소개된다. 방선

---

24) 『莊子』「天地」; 天下有道, 則與物皆昌, 天下無道, 則修德就閑, 千歲厭世, 去而上天, 乘彼白雲,
至于帝鄉, 三患莫至, 身常無殃.
25) ㉠모, 네모 ㉡방위, 방향 ㉢나라, 국가 ㉣곳, 장소 ㉤도리(道理), 의리 ㉥방법(方法), 수단(手段)
㉦술법(術法), 방술(方術) ㉧처방, 악방문 ㉨법, 규정(規定) ㉩쪽, 상대방 ㉪목판 ㉫둘레 ㉬바야흐
로, 장차 ⓑ(이삭이)패다 ⓑ거스르다, 거역하다 ⓒ견주다, 비교하다 ⓓ나란히 하다 ⓔ대등하다,
동등하다 ⓕ두루, 널리 ⓖ떳떳하다 ⓗ모두, 함께 ⓘ바르다 ⓙ본뜨다, 모방하다(模倣·摸倣·摹
倣—) ⓚ차지하다 ⓛ헐뜯다 ⓐ괴물 (망).
[상형문자]
양쪽에 손잡이가 달린 쟁기의 모양이다. 두 사람이 가지고 갈기 때문에 좌우(左右), 한 줄로 늘어
놓다, 비교하다의 뜻이다. 다시 방향(方向)·방위·방법(方法) 등 여러 가지 뜻으로 변하였다. 方
(방)자의 기원(起源)은 통나무배 두 척을 나란히 한 모양이라고도 하며, 또 십자가에 못 박은 모양
이라고도 일컬어진다. 그러나 하여간 方(방)과 万(만)이 붙는 글자와의 뜻에는 좌우(左右)로 넓어
진다는 점이 닮았다.
26) 篘子에 대한 이설도 있음.
27) 사마천은 종시오덕(終始五德) 이론을 진(秦)의 통일제국의 통치이념으로 삼은 것으로 보았다.

도의 내용은 형해소화(形解銷化)[28]와 인간의 일을 신선과 귀신에게 맡기는 것으로, 앞서 말한 추연(鄒衍)이 만든 음양오행설을 흡수하여 신선방술이 해석되었다. 또 신선방술과 음양오행설이 결합하여 신선가가 형성됐다고 『한서(漢書)』 「예문지(藝文志)」에서 밝히고 있다.

당시 신선사상을 추구하는 사람들을 선파(仙派)와 방사(方士)로 불렀다. 선파(仙派)의 등장은 서촉(西蜀)과 관중(關中)지역에서 왕교(王喬)·팽조(彭祖) 등인데, 그들은 토고납신(吐故納新)의 호흡법과 도인술(導引術)을 행하면서 불로장생을 추구하였다. 또 산동(山東)의 바닷가에서는 신선이 되는 방술을 지니고 연단채약(煉丹採藥)하는 방사(方士)들이 있었다. 그들은 바닷가의 피어오르는 안개를 보고 안개 너머에 신선이 산다고 믿어 항간에 신비한 방술을 퍼뜨렸다. 당시에 유명한 방사들은 연(淵)나라 사람들로 송무기(宋毋忌)·정백교(正佰僑)·충상(充尙)·선문자고(羨門子高) 등이 있다.[29] 진한(秦漢)시기에는 더 많은 방사들이 나타났는데, 서불(徐市)·한당(韓當)·노생(盧生)·이소군(李少君)·난대(欒大)와 같은 유명한 사람들이 출현했다. 그들은 선약(仙藥)과 선단(仙丹)을 먹으면 곧바로 신선이 되어 날아오를 수 있다고 주장하였으나 이론적이지는 못하였다고 본다. 방사들에게 이념처를 제공하는 황노학의 세계관도 자연의 변화원리를 음양소장과

---

28) 육체의 한계를 벗어나 해탈하여 혼백이 자유롭게 승천하는 것.

29) 『史記』「封禪書」; 自齊威 宣之時, 騶子之道, 論著終始五德之運. 及秦齊而齊人秦之. 故始皇采用之. 而宋毋忌·正佰僑·充尙·羨門高·最後皆燕人, 爲方僊道, 形解銷和, 依於鬼神之事.

오행의 순환으로 설명하는 추연의 음양가의 방법론을 기저에 두고 있다. 또 방술의 실천방법론으로 신선술이나 황백술[30], 양생술 등 다양한 술법이 양산되었다.[31]

『사기(史記)』의 신선에 대한 기록에 의하면 제나라・연나라의 제후나 진시황은 모두 사람을 파견하여 바다에 나가 선인을 찾게 하고 불로장생의 선약(仙藥)을 구하게 하였다고 한다. 서한(西漢)시대 개국공신인 장량(長良)은 '세상사를 버리고 신선인 적송자(赤松子)[32]를 따라 노닐까한다'하면서 벽곡법(辟穀法)[33]과 도인술(導引術)을 배워 몸을 가뿐하게 하였다고 한다.[34] 이러한 방법론은 자연에 기반을 둔 황노도의 도법자연의 세계관의 핵심인 자연과 합일하는 것을 궁극의 선(善)으로 여기는 사유의 출발점이 되었다고 본다.

『삼국유사』에는 중국 제실(帝室)의 딸인 사소(娑蘇)가 신선의 술(術)을 얻어 신라에 와서 지선(地仙)이 되었다는 「선도성모설화(仙桃聖母說話)」가 수록되어 있다. 이는 신선사상과 불교가 어우러진 양상을 보여주는 것이다. 또 『해동이적』은 단군을 시조로 해서 강감찬・곽재우・김시습・서경덕・전우치・남사고 같은 도술가로 이어지는 40명의 선인(仙人)을 32편의 이야기가 담

---

30) 연단술, 단사(丹砂)로 황금과 백은을 제조하는 방술.

31) 김일권, 「진한대 방사의 성격과 방선도 및 황노학의 관계 고찰」『동국사학』, 동국사학회, 2008, 100쪽.

32) 〈문학〉 신농씨 때에, 비를 다스렸다는 신선의 이름.

33) 벽곡법(辟穀法)에서 辟은 맵고 쓴 맛(辛)을 멀리한다는 뜻이고 穀은 곡류를 의미하는 것으로 결국 낟알을 안 먹는 식사법 (역자 주).

34) 이원국, 전게서, 101쪽.

겨있다. 신선사상은 중국에서 발달되어 우리나라에 전래되었다. 전래된 시기는 삼국시대로 추정되는데 불교보다도 먼저 유입된 것으로 보인다. 신선설화는 신선을 이루는 득선설화(得仙說話), 신선을 만나는 우선설화(遇仙說話), 그리고 도술(道術)을 행사하는 도술설화 등 크게 3부류로 나눌 수 있다. 중국에서는 득선설화가 많은 반면, 우리나라에서는 우선설화가 많은 편이다.

2. 황노사상

황노사상은 전국시대 제(濟)나라 직하학궁(稷下學宮)을 중심으로 시작하여 중국 고대의 여러 사상과 신앙이 황제(黃帝)와 노자(老子)의 이름으로 융합하고 발전하여 한대(漢代) 초기에 융성했던 사상이다. 황노학에서 유, 묵, 법, 명, 음양, 도가가 통합적으로 연구되었다. 황제사경에서 '천'이 나오고, 관자에서 '기'에 관한 언급이 있다.

1) 『황제사경(黃帝四經)』의 하늘

『황제사경』이란 『황노백서(黃老帛書)』라고도 하는데 황노학의 흐름을 간파할 수 있는 문헌이며, 그 성립 연대에 대한 의견은 분분하다. 『황제사경』이 발굴된 묘지의 주인은 한 문제(文帝) 시대 장사왕(長沙王)의 재상인 대후(軑候) 이창(利倉)의 아들이다. 그의 사망 연대는 한 문제 12년(B.C. 168)으로 추정된다. 당시는 황노 무위정치가 성행하던 시대이고 부친의 지위가 재상이어서 황노학의 문헌을 가까이해 부장품으로 책을 넣었을 것으로 추정되고 있다. 이 책의 내용은 『노자』의 '도'를 계승하여 이를 현실에 맞게 변형하고 발전시켜 '천(天)'의 개념이 사용되고 있는 점이 주목된다.

『황제사경』의 '도'는 『노자』의 '도'를 계승하고 차용한 것으로 '도'가 만물의 존재양상을 형성하는 본질로 간주된다. 그 책의 「도법(道法)」을 보면 '도'는 적막하고 그윽한 것으로 만물 모두가 도에서 나온 것으로 설명되고 있다.

> 허무하고 무형하며 적막하고 그윽하니 만물이 그것에 말미암아 생겨난다. …… 그러므로 모두 그윽한 도로부터 나오는 것이니 혹은 그것에 의해 죽고 혹은 그것에 의해 생겨나며, 혹은 그것에 의해 실패하고 혹은 그것에 의해 성공한다.[35]

또 「도원(道原)」에서는 무형의 도는 만물의 존재와 생성의 근거로 허무 무형의 도가 있는 듯 없는 듯하지만 만물은 이에 의존하지 않을 수 없다고 하였다.

> 태초에 일체가 허무한 상태이며 그 가운데 혼연히 '일(一)'을 형성하였으니 오직 '일'만 존재하였다. 이때에는 일체가 흐릿하고 두리뭉실하여 밝지도 어둡지도 않았으며, 안정되고 고요하여 밝게 드러나는 것도 없었다. 그러므로 '일'이 존재하지 않는 것 같았고 만물도 그것에 의존하지 않았으니 그것은 형체도 없고 이름도 없다. 하늘도 그것을 덮을 수 없고 땅도

---

35) 虛無刑, 其寂冥冥, 萬物之所從生. …… 故同出冥冥, 或以死, 或以生, 或以成.

그것을 실을 수 없다. 작은 것은 그것에 의해 '작음'을 이루
고 큰 것은 그것에 의해 '큼'을 이루며 그것은 사해를 가득
채우고 또 그 바깥까지도 감싸 안으며, 음습한 곳에 있어도
부패하지 않는다. 그것은 한결같아 변함이 없으며 크고 작은
모든 생물들을 생존하게 한다. 새는 그것을 얻어 하늘을 날
고 물고기는 그것을 얻어 물속을 노닐며 짐승은 그것을 얻어
힘차게 달린다. 온갖 생물은 그것을 얻음으로써 살고 온갖
일들은 그것을 얻음으로써 이루어진다. 사람도 모두 그것에
의해 존재하지만 아무도 그것에 이름을 붙일 수 없으며 모두
그것을 사용하지만 그것의 형체를 보지 못한다.[36]

『노자』 5장의 "천지는 어질지 않으니, 만물을 풀강아지로 여
긴다."[37]는 것은 천지가 만물에 대한 태도에서 사사로움이 없듯
이 성인이 백성을 대하는 태도에서도 천지와 마찬가지로 사사
로움이 없어야 한다는 뜻이다. 천지는 어질지 않다는 의미는 하
찮은 풀강아지에게도 객관적 기준을 정함이 있다는 것으로 사
람을 대하는 군주의 자세는 필연적인 상벌이 있음을 불가피하
게 설정하여 그 기준에 따라야 함이 제시되고 있다. 그래서 천
도(天道)란 「논약(論約)」에서 이르기를 "한 번 세워지면 한 번 폐
하여지고, 한 번 생성시키면 한 번 죽이는 것이니, 사계절이 번
갈아 나타나고 끝나면 다시 시작하는 것과 같다."[38]고 했다. 그
러나 "만약 이 천도를 따르지 않아 백성의 힘을 적절하지 않게

---

36) 恒無之初, 逈同大(太)虛, 虛同爲一, 恒一而止. 濕濕夢夢, 未有明海, 神微周盈, 精靜不熙. 古(故)
未有以. 萬物莫以, 故無有形, 大逈無名, 天弗能覆, 地不能載., 小以成小, 大以成大, 盈四海之內,
又包其外, 在陰腐, 在陽不焦., 一度不變, 能適規(虫支)蟯(蟯), 鳥得而蜚(飛), 獸得而走.; 萬物得之
以生, 百事得之以成, 人皆以之, 莫知其刑(形).

37) 天地不仁, 以萬物爲芻狗, 聖人不仁, 利百姓爲芻狗.

38) 一立一廢, 一生一殺, 四時代正, 冬(終)而復始.

쓰면 두루 움직임이 옳아도 공이 없게 된다."³⁹⁾고 하였다. 더 나아가 "천도를 따르지 않는다면 나라에 군주가 없는 상황에 이르게 되고,⁴⁰⁾ 또 사람에 의한 재난이 없다 하더라도 하늘의 형벌이 있음"⁴¹⁾을 일러 준다.

이처럼 『황제사경』의 기준으로 볼 때 당시의 천도에 대한 구체적인 특성을 살펴볼 필요가 있다. '도'의 개념이 '천도'로 바뀌면서 인간사에는 어떠한 변화가 오며 무슨 일이 일어나게 되는지를 알아야 그 표준이 자연질서와 연관되어 정당하게 설정되었는지가 파악될 수 있기 때문이다. 천도는 자연질서(도)와 인간질서와의 관련성을 다루는 문제이며 '법'의 개념이 통치술로 현실화되면서 인간사에 중요한 영향을 미치는 기준이 되고 백성은 '법'이 규제하는 한도 내에서 살아야 되는 규범이 된다.

천도는 첫째, 자연질서의 불변성으로 대표되는 하늘과 땅에 일정한 근간과 법칙이 있다고 하였다.

> 무릇 하늘에는 일정한 근간이 있고 땅에는 일정한 법칙이 있다.⁴²⁾

둘째는 양면성이다. 중국의 사유방식은 항상 양면성이 있고 그 음양론적 사유체계는 여기서도 적용됨을 알 수 있다.

---

39) 不循天常, 不節民力, 周遷而無功.
40) 背(倍)天之道, 國乃無主.
41) 不有人戮, 必有天刑.
42) 「果童」: 夫天有恒幹, 地有恒常.

천지에는 일정한 법칙이 있다. …… 천지에 일정한 법칙이 있기에 사계절의 변화 즉 밝음, 삶과 죽음, 부드러움과 강함의 현상이 나타난다.

셋째는 참위설(讖緯說)이다. 인간이나 통치자가 자연질서를 어기거나 자연의 이치에서 벗어나면 하늘이 재앙을 내린다는 설이다. 당시 전쟁의 와중에서 백성들이 지쳐 있는데도 군주는 전쟁을 좋아하였다. 「망론(亡論)」에서 주장하기를 하늘은 일정한 규율로 인간세상을 다스린다고 했다.

군대를 일으킴에는 정당한 이치를 상실하고 정벌하는 것이 합당하지 않으면 하늘이 두 가지 재앙을 내린다.[43]

백성에게 받고 주는 것이 합당하지 않으면 사망에 이르게 된다. 하늘이 내리는 형벌은 돌고 도는 것이니 결국 그 재앙을 받게 된다.[44] 일정한 표준을 넘고 마땅한 상태를 상실하면 하늘이 장차 재앙을 내린다.[45]

이와 같은 사유방식들은 '천도'의 경고를 군주는 경건한 자세에서 받아들이라는 견제의 의미와 함께 백성들은 불가항력적이므로 이를 인식하고 따르라는 것이다. '천도'에 대한 인식과 이를 받아들이라는 사상은 장차 발전하여 천인상응의 사상적 기틀을 마련해 준 것으로 보인다.

---

43) 「亡論」: 興兵失理, 所伐不當, 天降二殃.

44) 「稱」: 取予不當, 流之死亡, 天有環刑, 反受其殃.

45) 「國次」: 過極失當, 天將降殃.

2) 『관자』의 기

『관자』는 춘추시대 제(齊)나라의 사상가, 정치가인 관중(管仲: ?~B.C. 645)이 지은 것으로 되어 있다. 중국철학사에서 가장 중요한 '기' 개념에 결정적 영향을 주었다고 하는 『관자』사편에서 정기설(精氣說)이 제시되었다. 기 개념은 철학, 천문, 한의학은 물론 양생에서도 매우 중요한 위치를 차지하고 있으며 우주관이나 국가관, 생명관의 이론 형성에 큰 영향을 미치게 되었다. 이러한 소박한 유물주의 입장에서 '천(天)'을 대신하여 '기(氣)'를 중시하게 되어 정기설이 나오게 되었다고 본다.

'기'에 대하여 『관자』「심술·하」에서는 '기'가 사람의 구성요소가 되는 것으로 보았다.

> 기란 사람을 채우는 것이다.[46]

> 일기(一氣) 중 변할 수 있는 것을 정(精)이라고 한다.[47]

『관자』「내업」에서는 '정(精)'이 지극하면 생각의 막힘이 없다고 보았다. 『관자』「내업」에서 자연의 규율에 순응하기 위해 내면이 안정되어야 '정(精)'을 머물게 할 수 있다고 보았다. 그러나 정신이 정기로부터 온다는 유물주의적 입장을 보여 형신(形神)의 관계가 균형 있게 파악되지는 못하였다고 본다.

---

46) 氣者, 身之充也.
47) 一氣能變曰精.

내면의 마음이 안정되면 귀와 눈이 총명해지고 사지가 견고
해지니, 정(精)이 머물 수 있다.[48]

공경하여 그 집을 깨끗이 하면 정(精)이 저절로 찾아올 것이다.[49]

「내업(內業)」, 「심술 상·하(心術 上·下)」, 「백심(白心)」에서는
기와 수신론이 설명되었다. 「내업(內業)」은 도가(道家)의 시원적
형태인 샤머니즘적 접신체험과 내면의 수련내용을 담고 있다. 「심
술 상·하」는 마음의 기술에 관한 내용이며 「백심(白心)」은 마음
의 정화에 대한 내용이다. 네 편의 주요내용은 도, 덕, 형(몸) 및
정기가 상호 유기적으로 결합된 개념인데, 이 네 개념은 치신에
대한 근거가 되는 샤머니즘적 신비체험에서 유래된다고 본다.
만물에 내재된 정기를 몸 안에 머물게 하는 것을 수행의 관건으
로 볼 때 고대의 샤머니즘적 접신(接神)이 후대에는 도가기공에
서의 내단으로 발전되어 적극적인 수련 형태로 나타나게 되었다.
「내업(內業)」에서는 정기(精氣)가 인간 내면에 있고 우주에 있
는 것이라고 보는 사상이 나타난다. 정기는 만물의 근원이며
'기(氣)' 중에서 가장 본질적이고 무형의 존재로서 인간의 감각
으로는 파악되지 않는다. 「내업(內業)」에서 인간의 생성은 정(精)
과 형(形)이라는 '기(氣)'의 두 차원으로 설명되고 있다.

무릇 인간의 탄생은 하늘이 그 정(精)을 낳고 땅이 그 형(形)
을 낳아 이것을 합해 사람이 이루어진다. 둘이 화합하면 생

---

48) 定心在中, 耳目聰明, 四肢堅固, 可以爲精舍.
49) 敬除其舍, 精將自來.

겨나고, 화합하지 않으면 생겨나지 않는다.[50]

인간은 정기와 형체의 결합으로 이루어지고 정기와 형체는 각기 하늘과 땅에서 비롯된다고 보았다. 「내업(內業)」에서 정기를 "잘 인도하면 생명을 얻고 생명을 얻으면 사고력이 생기고 사고하면 지혜를 얻는다."[51]고 하였다.

또 "몸이 바르지 않으면 덕이 오지 않는다(形不正, 德不來)."는 표현은 몸을 닦아 바르게 할 때 정기가 들어와 덕이 된다는 의미인데, 우주의 정기가 덕으로 바뀌어 내 몸으로 들어온다는 것으로 보았다. 「심술상(心術上)」에서 덕은 만물을 화육하는 도의 공능으로 보았다.[52] 또 "덕은 도가 머무는 곳이고(德者, 道之舍), 그것을 키우는 곳(化育萬物謂德)"이라 함은 몸과 덕과 기의 관계가 설정된 것이다. 이는 상호 유기적인 관계를 설정한 것이며 도와 덕을 연결해 주는 고리로 몸을 이용한 것으로 보인다.[53] 그리고 몸에 대해 말하기를 "몸이 바르지 않으면 덕은 오지 않는다. 중심이 고요해지지 않으면 마음은 다스려지지 않는다."[54]고 하면서 올바른 몸이 먼저라고 했다. 또 몸이 바르면 마음의 수행은 뒤따라온다고 하였다. 그래서 "몸이 바르지 않으면 덕은 오지 않는다. 중심이 고요해지지 않으면 마음은 다스려지지 않

---

50) 凡人之生也 天出其精 地出其形 合此以爲人 和乃生 不和不生.

51) 氣, 道乃生 生乃思 思乃知.

52) 虛無無形 謂之道; 化育萬物 謂之德.

53) 『管子』「內業」: 有神自在身, 一往一來, 莫之能思, 失之必亂, 得之必治, 敬除其舍, 精將自來.

54) 「內業」: 形不正, 德不來.

는다."55)고 하여 몸을 바르게 함에는 음식조절도 포함된다고 구체적으로 지적되었다.56) 이는 몸이 다스려진 다음에야 마음의 안정이 온다는 수련체계를 보여 주는 것으로 해석된다.

> 하늘의 도는 텅 비어 형태가 없다. 텅 비면 다함이 없고 형태가 없으면 거역하는 바가 없다. 거역하는 바가 없기 때문에 만물에 두루 유통하여 변하지 않는다. 덕이란 도가 머무는 곳이다. 사물이 이를 통해 끝없이 생기고, 앎이 이를 통해 도의 정수에 전념할 수 있다. 그러므로 덕이란 얻음이다. 얻음이란 이미 얻으려 한 것을 얻었다는 말이다. 무위를 도라 하고, 거기에 머무르는 것을 도라 하기 때문에 도와 덕은 틈이 없다.57)

'도(道)'가 머무르는 곳은 '덕(德)'이다. 또 '도(道)'와 '덕(德)' 사이는 틈이 없으며 동전의 양면과 같다고 보았다. 그리고 '천(天)'의 '허(虛)'와 '지(地)'의 '정(靜)'이 화합하여 지향하는 바는 '신명(神明)'이라고 하였다. 천지가 가야 할 곳을 신명으로 여겼다.

> 하늘은 텅 비었다 하고, 땅은 고요하다 하니 이에 잘못은 없다. 그 집(마음)을 깨끗이 하고 그 문(눈과 귀)을 열고서 사욕을 버리고 부질없이 말하지 않아야 신명이 존재하는 듯하다.58)

---

55) 「內業」: 中不靜, 心不治.

56) 「內業」: 凡食之道, 大充, 傷而形不臧…….

57) 「心術上」: 天之道, 虛其無形. 虛則不屈, 無形則無所位走午, 無所爲走午, 故徧流萬物以不變. 德者, 道之舍. 物得以生生, 知得以職道之精. 故德者, 得也. 得也者, 其謂所得以然也. 以無爲之謂道, 舍之之謂德, 故道之與德無間, 故言之者不別也.

58) 「心術上」: 天曰虛, 地曰靜, 乃不貸. 潔其宮, 開其門, 去私毋言, 神明若存.

신명에 이르기 위해서는 정기의 작용이 극진하면 가능하다고
하였다.

> 순수한 기를 모으는 것을 신처럼 하면 만물의 원리를 모두
> 마음에 갖출 수 있다. 어떻게 모을 수 있는가? 한결같게 모을
> 수 있는가? 복서(卜筮) 없이도 길흉을 알 수 있는가? (그칠 곳
> 에서) 그칠 수 있는가? (하지 말아야 할 때) 그만 둘 수 있는
> 가? 생각하고 또 생각하라. 생각해도 통달하지 못하면 귀신
> 이 장차 통달하게 해 준다. (이것은) 귀신의 힘이 아니라 정
> 기의 작용이 극에 달한 결과이다.[59]

정기의 작용은 복서(卜筮)에 비교할 만큼 길흉을 알 수 있으며
귀신처럼 만물의 원리를 갖출 수 있도록 신명(神明)이 깃들게 한
다고 했다. 이런 신명에 대한 정의는『관자』에서 구체적으로 발
견하기 어려우나 정기를 말하고 신명을 말한 것은 수양론의 초
기 단계인 당시를 고려하면 기공삼조의 '정기신론(精氣神論)'을
말하는 것과 같은 맥락으로 보인다. 정기신의 완성에 의해 하늘
과 하나되어 나타나는 신명의 단계를 개략적으로 말하고 있다
고 여겨진다. 이런 신명에 대해『주역』「계사상전」제11장을 보
면, "이로써 하늘의 도(道)를 밝히고 백성을 살펴서, 이에 신물
(神物)이 흥하여 백성에게 쓰이니 성인이 이것으로써 재계해서
그 덕(德)을 신(神)으로 밝힌다."[60]고 하였다. 또 당시의 정기신
론을 이렇게 표현한 것으로 보인다. 즉 하늘의 '허(虛)'가 정(精)

---

59)「內業」: 摶氣與神, 萬物備存, 能摶乎? 能一乎? 能無卜筮而知吉凶乎? 能止乎? 能已乎? 能勿
　　求諸人而得之己乎? 思之, 思之, 又重思之思之而不通, 鬼神將通之. 非鬼神之力也, 精氣之極也.
60) 是以明於天之道 而察於民之故是興神物 以前民用 聖人以此齊戒 以神明其德夫.

을 주고 땅의 '정(靜)'이 '형(形)'을 주니 '정'과 '형'이 합하여 인
간의 생명을 준다고 본다.

> 무릇 사람의 생명은 하늘이 그 정기를 주고 땅이 그 형체를
> 주니, 이것들이 합하여 사람이 되었다. (두 가지가) 조화하면
> 생명이 되고, 조화하지 못하면 생명이 되지 않는다. 조화의
> 도를 살펴보면 그 정기를 볼 수 없고, 그 형체도 알아볼 수
> 없다.[61]

인간이 정기를 만드는 데 힘써서 정기가 지극하면 신명(神)에
도달한다고 여기고, 또 생각을 지극정성으로 거듭하면 신명을
얻을 수 있다고 하였다. 여기서 저자는 생각을 거듭하라는 말
대신에 '행지행지(行之行之)'로 바꾸어 보았다. 정기를 모으는 몸
수련을 하면 할수록 '정(精)'이 많이 생기게 되므로 수련에 정진
하여 정을 많이 쌓으면 신명에 더 가까이 다다를 것으로 본다.

> 그러므로 깊이 생각하라. 깊이 생각해도 터득하지 못하면 귀
> 신이 가르쳐 준다고 한다. 이는 귀신의 힘이 아니라 그 정성
> 스런 기운(정기)이 온 것이다.[62]

'정(精)'이 '신(神)'이고 '기(氣)'가 '물질(精)'의 근본임을 보여 주
고 있다.

---

61) 정과 형이 어우러져 인간 생명을 만듦을 말한다. 「内業」: 凡人之生也, 天出其精, 地出其形, 合此
以爲人. 和乃生, 不和不生. 察和之道, 其精不見, 其徵不醜.

62) 「心術」下: 故曰, 思之, 思之不得, 鬼神敎之. 非鬼神之力也, 其精氣之極也.

정이란 기의 알짜다. 기는 도를 얻어 생명을 낳고…….[63]

신(神)이 몸에 있음을 제대로 파악하고 몸에서 신(神)을 붙들지 못하고 잃으면 불현듯 사라지고 혼란이 오는데 다들 이를 알지 못한다고 「내업(內業)」은 말하고 있다. 『주역』「계사전상」제9장에서 변화의 도(道)를 아는 자는 그 신(神)이 하는 바를 알 것이라고 했다.[64] 마음(心)의 문제를 붙잡고 마음 수련을 강조하는 일반적인 해석과 대비되는 주장을 도가에서 하고 있는 셈이다.

또한 마음에 대해서 "마음은 안정되고 편안한 것을 좋아하므로 번잡하고 어지럽게 하지 말며 화평하면 저절로 이루어진다."[65]고 하여 칠정(七情)을 다스리는 마음의 평정이 중시되었다.[66] 여기서 마음의 공부는 천지자연의 성격처럼 "하늘이 비어 있고 땅은 고요하니 이 둘은 어긋나지 않는다."[67]고 하여 천지자연의 모습을 따르는 수련의 방향이 제시되었다.

---

63) 기와 정이 서로 통하고 하나이며 기가 정의 근본임을 의미한다. 「內業」: 精也者, 氣之精者也. 氣, 道乃生…….

64) 子曰: 知變化之道者 其知神之所爲乎.

65) 「內業」: 彼心之情, 利安以寧, 勿煩勿亂, 和乃自成.

66) 「內業」: 凡人之生也, 必以其歡, 憂卽失紀, 怒卽失端, 憂悲喜怒, 道乃無處, 愛慾靜之, 勿引勿推. 福將自歸……心能執靜, 道將自定.
「心術上」: 虛其慾, 神將入舍, 掃除不潔, 神乃留處, 人皆慾智, 而莫索其所以智呼! …… 夫正人無求之也, 故能虛無.

67) 「心術上」: 天曰虛, 地曰靜, 乃不伐.

3) 『회남자(淮南子)』의 양신론

『회남자(淮南子)』의 중심저자는 한고조의 손자인 회남왕 유안 (劉安, B.C. 180-123)으로 알려져 있다. 이 책의 사상적 성격은 노장도가(老莊道家)와 음양오행가(陰陽五行家), 유가, 법가 등의 혼합으로 매우 복잡하다. 그 인식론은 정신, 물질의 이원론(二元論)에서 관념적 도(道)의 일원론에 귀착한다는 복잡한 양상을 나타내고 있다. 또한 중세의 재이미신(災異迷信) 사상의 계보로 이어져 있다. 여러 학자들이 『회남자』의 수양론을 양성(養性)의 치신론으로 규정하고 있다. 인간의 본성은 하늘로부터 부여받았으나 세속의 외물(外物)과 접하면서 욕망이 발생하여 평정을 잃고 근본으로부터 멀어졌다는 지적은 현대인의 삶에도 그대로 적용되는 것 같다.

우주생성에 대해 「천문훈(天文訓)」은 태소(太昭)에 이어 허확(虛廓)의 상태에서 시간과 공간에 우주가 생기고 '기'가 생성되어 맑은 기는 하늘이 되고 탁한 기는 땅이 되었다고 했다. 이어 음양이 나뉘고 사시가 형성되어 만물이 생겨났다고 설명되었다. 「정신훈(精神訓)」에서는 천지가 하나의 대우주이며 인간의 몸은 정미한 기운으로 이루어진 소우주로 보는 우주론을 펼쳐 보였다. 이른바 천인상응으로 서로 영향을 주고받으면서 상응관계를 유지한다는 관점으로 인간의 신체구조가 자연과 닮았다고 보았다. 예를 들어 사계절이 있듯이 인간은 이목구비의 네 가지 쓰임새가 있으며, 오행과 같이 인간의 장부도 오장(五臟)이 있는 것으로 대비하여 자연계와 인간의 유사성을 대응시키고 있다. 정신과 신체의 근원을 하늘과 땅으로 나누고 또 음과 양으로 나누어 보았다.

> 정신은 하늘에서 받은 것이며, 형체는 땅에서 품부하여 받은 것
> 이다. …… 그러므로 정신은 하늘의 소유이고 골해는 땅의 소유
> 이다. 사람이 죽으면 정신은 하늘의 문으로 들어가고, 골해는
> 그 근본인 땅으로 돌아가니 어찌 내가 항상 존재하겠는가?[68]

「원도훈」과 「정신훈」에서 '성(性)'과 '신(神)'은 하늘에서 품부
받은 것으로 사람은 이를 원래대로 본받아야 한다고 말했다. 사
람의 '성'을 허정무욕(虛靜無欲)의 상태로 되돌리는 수양(역수반
원, 귀근복명)을 통해서 장수할 수 있다는 것이 양생론의 골자
로 보인다. '성(性)'은 타고나면서 지니는 것으로 후천적으로 시
공(時空)에 의해서 영향을 받고 반응하는 경향이나 능력을 말한
다. 여기서의 '신'은 인간 스스로의 제어가 가능하다고 보았다.
그래서 『회남자』는 양신의 수련을 강조하는 『장자』에 연원을
두고 있다. 그리고 멀리는 『관자』에 두고 있는데 「내업」에서
"무릇 사람이 태어날 때 하늘은 정(精)을 내고 땅은 형(形)을 낸
다고 했다. 이 둘이 합쳐져서 사람이 된다."고 보았다. 사람의
정신은 하늘로부터 오고 육체는 땅에서 오는데 '기'로 구성되어
있다고 보는 것이다. 사람의 사고는 정기의 작용이라고 여겨

---

68)「精神訓」: 夫精神者, 所受於天也, 而形體者所稟於地也. …… 是故精神者天之有也. 而骨骸者地
之有也, 精神入其門, 而骨骸反其根, 我尙何存.

'신'의 작용이 우선시 되었다. 그리고 정기가 머물 수 있도록 내면의 안정을 취하고 그 집을 깨끗이 하라고 하였다. 정기가 머물 수 있도록 하는 것을 '명(命)'이라고 보았다. 『회남자』에서 형, 기, 신이 생명을 제어하는 것으로 보았다.

> 형이라는 것은 생명의 집이고, 기는 생명을 가득 채우는 것이며, 신이라는 것은 생명을 제어하는 것이다. 그중 하나를 잃으면 셋이 모두 상하게 된다.[69]

『회남자』에서는 '신'은 '형'에 앞서 있으므로 형체가 정신을 뒤따라야 한다고 보았다. 「정신훈」에서 '대저 진인이란 그 성(性)이 도(道)와 일치가 된 사람'[70]이라고 하여 내적 정신을 수양하는 것을 양생의 우선으로 삼았다. 욕망을 비우고 마음을 고요하게 유지함으로써 정신을 기르는 '허정'의 상태를 수양의 핵심으로 삼고 이에 도달하기 위해 자연에 순응해야 인간이 숙명을 다한다고 보았다. 소우주로서의 인간이 대우주에 순응해야 유기체로서의 질서를 회복하여 음양의 질서를 회복하고 체내의 불균형과 장애를 일으키지 않는다고 하였다. 『황제내경』에서는 이 문제가 더욱 소상하게 다루어지고 있다.

---

69) 「原道訓」: 夫形者生之舍也, 氣者生之充也, 神者生之制也, 一失位, 則三者傷矣.
70) 所謂眞人者, 性合于道也.

4) 『황제내경(黃帝內經)』

　　오행으로 파악된 대자연의 질서와 인체는 서로 감응하는 것
으로 여겼다. 자연에 감응하는 인체에는 '기'가 운행하는 경락
이 있고, 그 경락을 유주하는 '기'가 중시되었다. 도에서 나온
'일기'가 천지만물에 포함되는 인간을 만들었기 때문에 자연과
인간은 같은 곳에서 나와 같이 움직이는 존재로 파악해서 자연
의 규율에 순응할 것이 강조되었다. 또 『내경·소문』에서 "사람
은 천지의 기에 의해 산다."71)고 하여 몸은 기의 다양성으로 나
타나는 것으로 보았다. 양생의 도를 실천하는 인간상은 우주자
연의 질서에 순응하는 것으로 제시되었다. 기가 형과 신 사이를
연결하고 매개하여 상관관계를 맺고 있음을 자연의 통일성 있
는 규칙처럼 바라보았다.

> 맛은 형체로 돌아가고, 형체는 기로 돌아가며, 기는 정(精)으
> 로 돌아가고, 정은 변화로 돌아간다. 정은 기를 먹고 자라며,
> 형체는 맛을 먹으며 변화는 정을 낳고 기는 형체를 낳는다.72)

　　또 『황제내경』에서는 음양과 양정(兩精)이 서로 결합한 것을
신(神)으로 보았다. 고대 중국인들이 정신을 분류할 때 성(性), 정
(情), 신(神)으로 나눈다. 성, 정은 오장육부를 통해서 출입한다고
보았다. 그리고 정이 성에 영향을 주는 것으로 파악하였다. '신'

---

71) 『素問』「寶命全形論」: 人以天地之氣生.

72) 『素問』「陰陽應象大論」: 味歸形, 形歸氣, 氣歸精, 精歸化, 精食氣, 形食味, 化生精, 氣生形.

이란 여러 가지 뜻[73]이 있지만 여기서 사용하는 의미로 정리하자면 ① 자연계에 있는 모든 물질의 운동 변화하는 기능과 자율, ② 생물과 인체의 모든 생명활동 및 생리기능, ③ 사람의 정신활동, ④ 사상의식 및 모든 생명력을 나타내는 정신이나 의식, 사유 활동의 총칭으로 요약된다.

이러한 '신'과 '몸'과의 대응관계를 『소문(素問)』, 『영추(靈樞)』에서는 각종 정신현상이 오장(五臟)에 배속된다는 이론을 제시하여 설명하고 있다. 신, 혼, 백, 의, 지(神, 魂, 魄, 意, 志) 등의 정신적 개념을 심, 폐, 간, 비, 신(心, 肺, 肝, 脾, 腎)의 오장과 관련지어 각각의 장기를 관장하는 신이 있다고 여겨 오장신(五臟神) 또는 오신(五神)이라고 규정하였고, 그 시원은 『관자』나 『여씨춘추』로 보고 있다(윤상희·이상룡, 1994, 36). 『황제내경』에서 생명의 형성에서 각종 정신활동의 존재방식이 구체적으로 규정되고 있으며, 생명을 이루는 생리활동 및 정신활동에 관여하는 주요 개념들이 오장(五臟)으로 분류되고 정의되고 있다. 『영추』「본신」에서 오장과 오신이 심신의 양의성(兩義性)을 지녔다는 측면에서 심신상관으로 연결될 수 있다. 심신상관은 『회남자』에서도 지적되었다.

---

73) 네이버 사전: ① 종교의 대상으로 초인간적, 초자연적 위력을 가지고 인간에게 화복을 내린다고 믿어지는 존재. ② 귀신(鬼神). ③ 〈기독교〉 = 하나님. ④ 〈민속〉 = 삼신(三神).

5) 『노자하상공장구(老子河上公章句)』의 정기(精氣)

한대에는 기론적 사유가 널리 유행되었다. 유가의 동중서는 기를 바탕으로 한 오행이론을 확립하였다. 음양오행의 기에 의해 우주만물이 생성과 변화를 한다는 도가의 전통은 우선 도(道)로부터 출발된다. 『노자(老子)』 34장에서 "만물은 도를 기다려 생긴다."[74]와 10장에서 "도는 만물을 생성하고 기른다.",[75] "도는 만물을 기르고 양육한다."[76]는 만물의 생성근거와 본원이 도에 있음을 말했다. 그리고 도를 보전하고 정기를 수고롭지 않게 하고 오신(五神)을 고달프게 하지 않으면 장수할 수 있다[77]고 보았다. 정기를 외부로 빼앗기지 말고 자기 내면으로 돌려 정기를 보전하라고 했다.

도에서 만물에 이르는 과정이 설명된 것은 유명한 42장의 "도생일, 일생이, 이생삼, 삼생만물(道生一, 一生二, 二生三, 三生萬物)"이다. 도가 일을 낳고[78] 일은 음양을 낳고[79] 음양은 화기(和氣), 청기(淸氣), 탁기(濁氣)를 낳아 이들이 천지인이 되며[80] 천지인이 만물을 생성하여 하늘은 베풀고 땅은 화육하며 인간은 기르게 한다[81]는 것으로 본다. 그리고 도에서 기(氣)를 매개로 하

---

74) 萬物皆待道而生.

75) 道生萬物而畜養之.

76) 道長養萬物.

77) 『正統道藏』 「道德眞經註」 國身同也 母道也 人能保身中之道 使精氣不勞 五神不苦 則可以長久.

78) 道生一; 道始所生者. 一也; 도가 처음 낳는 것은 일이다.

79) 一生二; 一生陰與陽; 일은 음과 양을 낳는다.

80) 二生三; 陰陽生和(氣) 淸 濁三氣 分爲天地人也.

여 만물을 생성한다고 보는 것이다. 도가 최초로 생성하는 태화의 정기가 '일'[82])이기 때문에 정기의 중요성이 부각된다.

만물생성의 원천은 정기(精氣)이고 정기를 바탕으로 궁극적으로 하늘과 땅, 인간의 삼재(三才)가 형성되며 이들 삼재(三才)의 작용에 의해 만물이 생성되고 길러진다고 보았다. 저자가 볼 때 인간의 위치를 천지와 동일한 위치에 두고, 천지와 더불어 만물에 작용하기 위해서는 각자의 역할이 있다는 논리로 여겨진다. 따라서 인간의 역할도 천(天)에서부터 비롯되기 때문에 천(天)에 상응하는 자세를 가져야 삼재로서의 역할을 다한다고 본다.

『노자 하상공장구』「능위(能爲)」 제10장을 보면 사람이 일(一)을 끌어안고 몸에서 떨어지지 않게 하면 오래 산다는 말로 해석된다.

일(一)을 끌어안고 몸에서 떨어지지 않게 할 수 있을까?[83])

'일'은 도가 처음 낳는 것으로 태화의 정기로 본다. 그래서 '일'이라고 했다. '일'은(일이 지니고 있는 공능으로 말미암아) 이름을 널리 유포한다는 것이고, 하늘은 '일'을 얻음으로써 맑아지고 땅은 '일'을 얻음으로써 안정되며, 제후와 왕은 '일'을 얻음으로써 국가를 평안하게 할 수 있는 것으로 여기고 있다.

---

81) 三生萬物: 天地人共生萬物也. 天施, 地和, 人長養之.
82) 『老子 河上公章句』 10장: 一者, 道始所生, 太和之精氣也.
83) 抱一, 能無離乎?

안으로 들어가면 마음이 되고 밖으로 나오면 행위가 되며 널리 베풀면 덕이 되는 이름이 '일'이다. 또한 '일'이라는 것은 하나이지 둘로 나누어지지 않는다고 본다.[84)]

또한 정기를 몸에 지니고 있을 때 나타나는 현상에 대하여 몸을 유연하게 함으로써 정신이 안정된다고 밝히고 있다.

> 정기를 오롯이 하여 (몸을) 부드럽게, 정기를 오롯하게 지키고 몸을 부드럽게 하고.[85)]

> 능히 갓난아이와 같은가? …… 안으로 마음 쓰는 일이 없고, 밖으로 (번거로운) 일이 없으면 정신(정기와 오장신)[86)]은 머물게 된다.[87)]

> 무위할 수 있는가? 몸을 다스리려면 정기를 호흡할 때 숨소리조차 들리지 않게 하고.[88)]

정기를 얻어 하나를 지키고 오장신이 머물도록 안으로는 마음을 쓰지 않고 밖으로는 숨소리조차 의식할 수 없을 만큼 정신이 번거롭지 않을 때 신묘함을 낳아 주고 길러 주게 된다고 본다. 그러나 낳아 줄 뿐 소유하려고 하지는 않는다고 했다. 일을 하지만 대가를 바라지 않고, 자라게 도와 주면서도 주재하지 않

---

84) 抱一能無離乎?: 言人能抱一, 使不離於身, 則(身)長存. 一者, 道始所生, 太和之精氣也, 故 曰一. 一布名於天下, 天得一以淸, 地得一以寧, 候王得一以爲正平, 人爲心, 出於行, 布施爲德, 摠名爲. 一之爲言志一, 无二也.

85) 專氣致柔; 專守精氣使不亂, 則形體能之而柔順矣.

86) 精은 精氣이고, 神은 五臟의 神이다.

87) 能如嬰兒乎? …… 內無思慮, 外無政事, 則精神不去.

88) 能無爲乎? 治身者呼吸精氣, 無令耳聞.

는다. 지극하고 깊고 넓어 이를 신비로운 덕이라고 밝히고 있다.

3. 천인상응론

고대의 천(天)에 대한 경외심은 무(巫)에서 출발되어 신선(神仙)사상으로 이어졌다. 그런데 천(天)에 대한 특성을 경외심이 아닌 인간에게 친숙한 모습으로 그려 보려는 노력을 노자에게서 볼 수 있다. 그는 천(天)의 개념보다 상위 개념인 도를 사용하였고, 도에서 나온 것이 천(天)이라는 것이다. 만물이 도에서 나왔으므로 인간도 천(天)의 속성을 따르면 되고 땅도 하늘의 법칙을 따르면 된다고 하였다. 인간이 어떤 모습을 해야 천(天)에 따르고 합일할 수 있는가에 대한 해답으로 영아(젖먹이)의 상태가 제시되고 있다. 영아의 상태란 무위하고 어리석고 소박하고 천진하지만 종일 울어도 지치지 않는 힘을 지니고 있어, 영아는 그 안에 천(天)과 합일할 수 있는 요소를 지니고 있다고 보았다. 이러한 영아는 나약한 것 같지만 지칠 줄 모르는 힘을 지닌 점과 순진한 면이 보이는 영아의 모습을 천(天)과 같은 모습으로 보았을 것이다. 영아의 모습을 제시한 노자는 천(天)의 특성을 이미 알고 있으므로 천(天)을 닮은 영아를 제시했다고 가정할 수 있다. 이러한 가정하에서 노자가 말한 천(天)의 특성은 도에서 비롯되었으므로 도의 의미를 알면 자연 천(天)의 의미도 풀어낼 수 있을 것이다.

노자가 말한 도는 '도가도 비상도, 명가명 비상명'이라는 유명한 명제와 같은 장에서 "이름 없음(道)은 천지의 시작이고, 유명은 만물의 어미이다."라고 했다.[89] 도의 성질을 노자 제16장에서 "텅 빔의 극치에 이르고 고요함의 돈독을 지킨다(치허극, 수정독(致虛極, 守靜篤))"라고 했다. 『노자왕필주』에서는 텅 빔에 이름은 사물의 극치한 상태이고, 고요함을 지키는 것은 사물의 참되고 바른 상태라고 말했다. 이를 『노자하상공주』 제16장 「귀근(歸根)」에서는 존재의 뿌리로 돌아가 '고요함(靜)'을 지킬 것을 말하고 있다. 만물이 무성하게 자라나는 모습의 이면에는 그들이 궁극적으로 돌아가게 될 '뿌리'의 속성을 고요함[90]이라고 했다. 이러한 고요함을 지키는 것을 수정(守靜)이라고 하여 욕심을 제거하고 오장을 청결하게 하면 텅 빔의 극치에 이른다고 했다.[91] 또 『회남자』 「주술훈」에서도 "하늘의 길은 그윽하고 고요하므로 모습도 없고 자취도 없다."라고 하여 천(天)의 모습을 '고요함'이라고 보았다.

노자의 도를 내적 수련 차원에서 일(一)로 전환하고 있다. 전환된 단어로 수일(守一)이 보인다. 『노자(老子)』에서 '일(一)'은 15차례 나타남을 볼 수 있다. 이 중에서 노자철학체계와 관련된 '일(一)'은 11가지이고 이를 재분류하면 세 종류로 분류된다.

1) 저 혼백을 하나로 하여 떨어지지 않게 할 수 있을까?[92]

---

89) 道可道 非常道. 名可名 非常名. 無名 天地之始 有名萬物之母.
90) 歸根曰靜.
91) 道人 捐情去欲, 五臟淸靜, 至於虛極也.
92) 『老子, 10장』: 載營魄抱一, 能無離乎?

2) 전에는 하나를 얻었으니, 하늘은 하나를 얻음으로써 맑고 땅은 하나를 얻음으로써 안정되고 귀신은 하나를 얻음으로써 가득 차고 만물은 하나를 얻음으로써 가득 차고 또 만물이 하나를 얻음으로써 생기고 왕은 하나를 얻음으로써 우두머리가 되었다.[93]

3) 도(道)가 하나를 낳고 하나가 둘을 낳고 둘이 셋을 낳고 셋이 만물을 낳는다.[94]

포일(抱一)과 득일(得一), 도생일(道生一)의 '일(一)'이 있는데 그 중에서 포일(抱一)의 일(一)은 몸을 가리키고 득일(得一)의 일(一)은 도(道)를 말하며 도생일(道生一)의 일(一)은 도와 만물을 매개하는 어떤 것이라고 볼 수 있다. 몸을 혼백과 하나 되게 하는 것이 도를 얻는 길임을 제시해 주는 말로 해석된다.

필자의 견해는 형상으로 도가 나타나려면 형상인 몸이 있어야 가능하고 몸이 형상으로 있으려면 도와 함께 있어야 한다고 본다. 이데아적인 것은 형상인 몸이 있음으로써 존재하는 것으로 몸은 모든 본질을 이미 내포하고 있다고 본다. 그래서 인간 생명체계에서 이상적인 상태로 여기는 것은 형기신(形氣神)이 조화를 이루는 상태라고 『회남자』에서 말했다. 형기신(形氣神)이 조화를 이루는 상태를 '전기신(全其身)'으로도 표현하는데 이는 몸이 온전한 상태에 이르는 것으로 본다. '전기신(全其身)' 하면 도(道)와 합치되기 때문이기에 그렇게 보는 것이다.[95]

---

93) 『老子, 39장』: 昔之得一者 天得一以清, 地得一以寧, 神得一以靈, 谷得一以盈, 萬物得以生, 候王得一以爲天下貞.

94) 『老子, 42장』: 道生一, 一生二, 二生三, 三生萬物.

성인은 도와 합일되는 경지에 이르기 위해 몸을 평온하게 하고 도와 더불어 하나가 되어야 한다고 말했다. 도와 더불어 합일이 된다는 것은 도가사상에서 최고의 경지에 이르게 됨을 의미한다고 볼 수 있다. 『회남자』「원도훈」에서 성인의 경지는 도와 함께 있는 것으로 보았다.

> 성인은 정신을 기르고 기를 온화하게 하고 부드럽게 하며,
> 몸을 평온하게 하여 도와 함께 오르고 내리고를 한다.[96]

『회남자』「정신훈(精神訓)」에서는 천지가 하나의 대우주이며 인간의 몸은 정미한 기운으로 이루어진 소우주로 보는 우주론을 펼쳐 보임이 앞에서 고찰되었다. 이른바 사계절이 있듯이 인간은 이목구비가 있으며, 오행과 같이 인간의 장부도 오장(五臟)이 있는 것으로 대비되었다. 정신과 신체의 근원을 하늘과 땅으로 나누고 또 음과 양으로 나누어도 보았다.

> 정신은 하늘에서 받은 것이며, 형체는 땅에서 품부를 받은 것
> 이다. …… 그러므로 정신은 하늘의 소유이고 골해는 땅의 소유
> 이다. 사람이 죽으면 정신은 하늘의 문으로 들어가고, 골해는
> 그 근본인 땅으로 돌아가니 어찌 내가 항상 존재하겠는가?[97]

「원도훈」과 「정신훈」에서 '성(性)'과 '신(神)'은 하늘에서 품부

---

95) 『淮南子』「原道訓」: 全其身則, 與道爲一矣.
96) 『淮南子』「原道訓」: 聖人將養其神, 和弱其氣, 平夷其形, 而與道沈浮浮仰.
97) 『淮南子』「精神訓」: 夫精神者, 所受於天也, 而形體者所稟於地也. …… 是故精神者天之有也, 而骨骸者地之有也, 精神入其門, 而骨骸反其根, 我尙何存.

를 받은 것으로 사람은 이를 원래대로 본받아야 한다고 말했다. '성'을 허정무욕(虛靜無欲)의 상태로 되돌리는 수양(역수반원, 귀근복명)을 통해서 장수할 수 있다는 것이 양생론의 골자라고 본다. 타고나면서 지니는 '성'은 후천적으로 시공(時空)에 의해서 영향을 받고 반응하는 경향이나 능력을 말한다고 본다. 그런 '성'의 수양에는 '신'의 작용이 요구되는 것으로 보았다. 그래서 신(神)은 인간 스스로의 제어가 가능하다고 본 것이다. 이를 뒷받침하는 말로 "생각하고 또 생각하라. 그래도 생각이 뚫리지 않으면 귀신이 소통시켜 줄 것이니, 이는 귀신의 힘이 아니라 정기가 지극하기 때문이다."라고 하여 사람의 사고는 정기의 작용이라고 여겨 '신'의 작용이 우선시되었다. 그리고 정기가 머물 수 있도록 내면의 안정을 취하고 그 집을 깨끗이 하라고 하였다. 정기가 머물 수 있도록 하는 것을 '명(命)'이라고 말했다.

의서인 『황제내경』 「영추」에서 천지를 닮은 인간의 몸을 말하고 있다.

> 하늘은 둥글고 땅은 모나니 인간의 머리를 둥글고 발은 네모남으로 응하고, 하늘에는 일월이 있으니 인간에게는 두 눈이 있고, 땅에 구주가 있으니 인간에게는 구규가 있고, 하늘에는 풍우가 있으니 인간에게는 희로가 있고, 하늘에는 뇌전이 있으니 인간에게는 음성이 있고, 하늘에는 사시가 있으니 인간에게는 사지가 있고, 하늘에는 오음이 있으니 인간에게는 오장이 있고, 하늘에는 육률이 있으니 인간에게는 육부가 있다. …… 이것이 인간과 하늘이 서로 대응하는 것이다.[98]

---

98) 『淮南子』 「邪客」 : 天圓地方. 人頭圓足方以應之. 天有日月. 人有兩目. 地有九州. 人有九竅. 天

인간에게 골수, 혈해, 수해, 곡해가 있다. 이 네 가지는 사해
에 응하는 것이다.99)

안으로 오장이 있고 오음, 오색, 오시, 오미, 오위와 응하고,
밖으로 육부가 있어 육률과 응한다. 육률은 음양의 모든 경
로를 세워 십이월, 십이전, 십이절, 십이경수, 십이시와 합하
니 이것이 오장육부가 천도에 응하는 까닭이다.100)

그리고 『소문』에서는 인간의 몸을 천지의 산물101)이라고 보았
다. 이와 같은 상응관은 『춘추번로』에서도 볼 수 있다. 동중서는
『춘추번로』 제56장 인부천수(人副天數) 편에서 천인감응에 대해
자세하고 구체적으로 천인상응의 원리를 말했다. 천지인의 덕을
말하였고 덕이 베푸는 '기'의 변화로 만물이 변한다고 했다.

하늘의 덕은 베푸는 것이고 땅의 덕은 이루는 것이며 사람의
덕은 의로운 것이다. 하늘의 기운은 위쪽에 있고 땅은 기운
은 아래쪽에 있으며 사람의 기운은 그 사이에 있다. 봄에는
생겨나고 여름에는 자라니 만물이 흥성하고, 가을에는 베고
겨울에는 거두니 만물이 모습을 감춘다.102)

有風雨. 人有喜怒. 天有雷電. 人有音聲. 天有四時. 人有四肢. 天有五音. 人有五藏. 天有六律. 人
六府. 天有冬夏. 人有寒熱. 天有十日. 人有手十指. 辰有十二. 人有足十指莖垂以應之. 女子不足
二節. 以抱人形. 天有陰陽. 人有夫妻. 歲有三百六十五日. 人有三百六十節. 地有高山. 人有肩膝.
地有深谷. 人有腋膕. 地有十二經水. 人有十二經脉. 地有泉脉. 人有衛氣. 地有草蓂. 人有毫毛.
天有晝夜. 人有臥起. 天有列星. 人有牙齒. 地有小山. 人有小節. 地有山石. 人有高骨. 地有林木.
人有募筋. 地有聚邑. 人有肉. 歲有十二月. 人有十二節. 地有四時不生草. 人有無子. 此人與天地
相應者也.

99) 『靈樞』 「海論」: 人有髓海. 有血海. 有氣海. 有水穀之海. 凡此四者. 以應四海也.

100) 『靈樞』 「經別」: 內有五藏. 以應五音五色五時五味五位也. 外有六府. 以應六律. 六律建陰陽諸
經. 而合之十二月. 十二辰. 十二節. 十二經水. 十二時. 十二經脉者. 此五藏六府之所以應天道.

101) 『素問』 「寶命全形論」: 人以天地之氣生.

102) 天德施. 地德化. 人德義. 天氣上. 地氣下. 人氣在其間. 春生夏長. 百物以興. 秋殺冬收. 百物以藏.

인간의 우수성은 정밀한 '기'에 의한 것이기에 천지와 짝을 이룰 만하다고 했다.

> 그러므로 기보다 정밀한 것이 없고 땅보다 풍부한 것은 없으며 하늘보다 신령스러운 것도 없다. 천지의 정기로 만물이 생겨나지만 사람보다 귀한 것은 없다. 사람은 하늘로부터 명을 받았기에 초연히 온갖 사물보다 뛰어남이 있다. 물질은 결함이 있어 인과 의로움을 짝할 수 없는데, 사람만이 인과 의로움을 짝할 수 있고 물질은 막힘이 있어 천지와 짝할 수 없는데 사람만이 천지와 짝할 수 있다.[103]

그리고 천지와 상응하는 인간의 골격계는 하늘의 숫자와도 일치를 한다고 보았다.

> 사람에게는 삼백육십 개의 관절이 있는데 하늘의 수와 짝을 이룬다. 몸체를 이루는 뼈와 근육은 땅의 두터움과 짝을 이룬다. …… 위쪽으로는 밝은 눈과 귀가 있는데 해와 달의 형상이다. 몸에는 빈 공간이 있어 맥이 통하는데 땅의 냇가와 계곡의 형상이다. 마음에는 슬픔과 즐거움 기쁨과 노여움이 있는데 하늘의 신령스러운 기운과 비슷하다. 사람의 몸을 보면 사물들을 초월해 있는 점이 많고 하늘과 닮았다.[104]

또 만물이 비천한 이유는 음양의 기가 편향되었기 때문이며 인간만이 올바른 음양의 도를 가지고 있어서 천지와 함께 만물을 화육한다고 보았다.

---

103) 故莫精於氣, 莫富於地, 莫神於天, 天地之精所以生物者, 莫貴於人. 人受命乎天也, 故超然有以倚; 物災疾莫能爲仁義, 唯人獨能爲仁義; 物災疾 莫能偶天地, 唯人獨能偶天地.

104) 人有三百六十節, 偶天之數也; 形體骨肉, 偶地之厚也; 上有耳目聰明, 日月之象也. ……體有空竅理脈, 川谷之象也; 心有哀樂喜怒, 神氣之類也; 觀人之體, 一何高物之甚, 而類於天也.

만물은 하늘의 음양을 한쪽으로 치우쳐서 생활하지만 사람
은 찬란한 이치가 있다. 그러므로 대개 만물의 형체는 땅에
기대거나 기울지 않는 것이 없는데 사람은 홀로 머리를 들고
몸을 곧게 세우고 바로 서서 천지와 마주한다. 따라서 천지
의 기를 조금 취한 것은 몸이 기울어지고 천지의 기를 많이
취한 사람은 똑바로 서서 천지를 대하는 것이다. 이로 미루
어 사람은 다른 만물보다 뛰어나며 천지와 함께 만물에 참여
할 수 있다.105)

천지는 사람의 얼굴과 몸처럼 전체를 드러내는 형상과 전체를
받드는 몸체가 필요하다고 했다. 인간의 얼굴은 마치 하늘처럼
정밀하고 신령스러우며 존엄하고 땅은 풍성하고 후덕하다고 여
겼다. 땅의 모습은 인간의 발처럼 네모의 형상으로 보았고 하늘
은 둥글다고 여겼다.

천지의 형상은 상하를 분별하는 띠를 구하므로 목 이상의 얼
굴은 정련되고 신령스럽고 존엄한데, 이는 밝은 하늘의 형상
과 유사하다. 목 이하의 것은 풍성하고 후덕하며 비천하고
욕된다. 땅이 이것과 비교된다. 발은 길게 뻗어 각이 졌는데
이것은 땅의 형상이다.106)

땅은 음기이고 하늘은 양기인데, 음기와 양기의 조화가 필요하
며 음기는 양기를 만나 반응하는 것이 구름과 비처럼 하늘에 올
라가 반응한다고 보는 것이다.

---

105) 物旁折取天之陰陽以生活耳, 而人乃爛然有其文理, 是故凡物之形, 莫不伏從旁折天地而行, 人獨
題直立端尚正正當之, 是故所取天地少者旁折之, 所取天地多者正當之, 此見人之絶於物而參天地.

106) 是故人之身首大而員, 象天容也; 髮象星辰也; 耳目屎屎, 象日月也; 鼻口呼吸, 象風氣也; 胸
中虛知 象神明也; 腹胞實虛, 象百物也; 百物者最近地, 故要以下地也, 天地之象, 以要爲帶,
頸以上者, 精神尊嚴, 明天類之狀也; 頸而下者, 豐厚卑辱, 土壤之比也; 足布而方, 地形之象也.

그러므로 허리띠에는 신(紳: 허리띠 아래로 내려뜨리는 장식 부분)을 두어 반드시 허리 부분에 오게 하며, 이를 가지고 심장과 구별하는 것이다. 허리 이상의 부분은 양이고 허리 이하의 부분은 모두 음이며 각각 직분이 있다. 양은 천기이고 음은 지기이다. 그러므로 음기와 양기가 운행하여(서로 영향을 미쳐서) 사람의 발(다리)에 병이 나면(이상이 생기면) 목은 마비가 되고, 지기가 상승하여 구름과 비가 되면 하늘도 이에 응한다.[107]

인간의 몸은 천지와 대응하니 하늘의 수와 같으며 인간의 명(命)도 하늘과 연결되어 있다고 보았다.

천지의 상징과 음양의 대응물이 언제나 몸에 있기에 몸은 하늘과 같다. 그 수 또한 서로 비견되니 고로 명도 더불어 서로 연결된다.[108]

인간의 몸은 구체적으로 하늘을 본받았으며 하늘의 형상과 같다고 했다. 몸에 붙어 있는 사지와 이목구비처럼 인간의 마음속에도 천지의 감정과 윤리가 똑같이 내재되어 있다고 본 것이다.

하늘은 그해의 수를 마치는 것으로 사람의 몸을 이루어 놓았다. 그러므로 작은 관절 366개는 일(日) 수에 부합하는 것이다. 큰 관절이 12개로 나뉜 것은 월(月) 수에 부합하는 것이다. 몸 안에 오장이 있는 것은 오행의 수에 부합한다. 겉에 사지가 있는 것은 사계절의 수에 부합하는 것이다. 눈을 뜨고 보는 것과 눈을 감고 자는 것은 낮과 밤에 부합하는 것이

---

107) 是故禮帶置紳, 必直其頸, 以別心也, 帶以上者, 盡爲陽帶而下者, 盡爲陰, 各其分. 陽, 天氣也. 陰, 地氣也, 故陰陽之動使, 人足病喉痺起, 則地氣上爲雲雨, 而象亦應之也.

108) 天地之符, 陰陽之副, 常設於身, 身猶天也, 數與之相參, 故命與之相連也.

다. 강함과 부드러움은 겨울과 여름에 부합하는 것이고 슬픔
과 즐거움은 음양에 부합하는 것이다. 마음속에서 헤아려 생
각하는 것은 도수에 부합하는 것이고 행동에 윤리가 있는 것
은 천지에 부합하는 것이다. 이들은 모두 사람의 몸 안에 내
재되어 있으며 사람과 함께 생존한다. 동류는 서로 합하니
수를 셀 수 있는 것은 수로 서로 합하고(즉 수가 같고), 셀 수
없는 것은 형태로 서로 합한다. 이 모두는 하늘에 부합하는
것이다.109)

그러므로 인간의 보이는 몸을 통해서 보이지 않는 하늘의 의미
를 알 수 있다는 것이다.

그러므로 형체가 있는 것을 나열하여 보이지 않는 형체를 볼
수 있게 드러내게 한다. 역시 셀 수 있는 것을 붙잡아(들어서)
셀 수 없는 것을 드러낸다. 이는 바로 천인상응의 도(道)가
같은 종류에 따라 서로 응하는 것이 마치 그 형태와 숫자가
서로 합하는 것과 같음을 말하는 것이다.110)

세상에는 보이는 법칙과 보이지 않는 법칙이 존재한다. 그러
나 이 세상에는 보이지 않는 법칙이 엄연히 존재하고 있음을 우
리는 알고 있다. 그러나 우주는 보이거나 보이지 않거나에 상관
없이 스스로 갈 길을 가는 영원성이 있다고 본다.

---

109) 天以終歲之數, 成人之身, 故小節三百六十六, 副日數也; 大節十二分, 副月數也; 內有五臟, 副
五行數也; 外有四肢, 副四時數也; 占視占暝, 副畫夜也; 占剛占柔, 副冬夏也; 占哀占樂, 副陰
陽也; 心有計慮, 副度數也; 行有倫理, 副天地也; 此皆暗膚著(傅著)身, 與人俱生, 比而偶之弁
合, 於其可數也, 副數, 不可數者, 副類, 皆當同而副天一也.

110) 是陳其有形, 以著無形者, 拘其可數, 以著其不可數者, 以此言道之亦宜以類相應, 猶其形也, 以
數相中也.

4. 『황제내경』에서의 몸

고대에 인간을 둘러싼 천체현상과 인간사회에 직접적인 영향을 미치는 현상에 대해 연구된 분야는 천문학, 농학, 의학 등이다. 철학적인 천인관계적 사유체계는 천시(天時)와 몸의 건강을 연구하는 전통의학이 서로 연관되고 영향을 미치는 관계였다.

고대 동양의학 이론은 경험적 임상지식과 인체구조에 대한 천인동류(天人同類) 인식이 바탕이 되었다. 나아가 의학이론은 자연과 인간의 연결을 소박하고도 유기체적인 견지에서 조망하고 이해하려는 사유체계를 떠날 수 없다고 보았다. 인간도 자연의 일부분이며 인간 자체가 하나의 자연 그대로의 형상을 지니고 있는 존재로 파악되었으므로 철학사상이 동양의학 이론형성에 영향을 미치게 되었다. 이러한 철학적인 배경에서의 『황제내경』은 전국시대부터 꾸준히 내려온 의학적 경험과 각 시대의 사상이 담겨 있다. 『황제내경』은 천지, 음양, 오행, 기, 정을 이해하고 결합하여 몸을 이해하는 자연과학주의에 입각한 실용학문이며 수련에서 중시되는 요소들이 내재되어 있다. 몸의 조화를 이루어 질서를 유지하며 자연에 순응하는 삶을 이상으로 하는 내용이 보인다.

1) 몸과 기

기일원론적 사상이 『황제내경』의 배경이다. 기를 전제로 하여 자연과 몸이 연결되어 설명되고 있다. 천인합일은 기의 감응에 의해 일어난다고 설정되어 있다. 정기가 인체에 충실하고 경락을 유주하는 기의 흐름이 원만해야 무병하다는 이론이다. 『황제내경』에서 말하는 기는 양기와 음기로 나누어서 '기'가 언급되었다.

> 맑은 양기는 하늘이 되고 흐린 음기는 땅이 된다. 땅의 기운은 위로 올라가 구름이 되고 아래로 내려와 비가 된다. 비는 땅의 기운에서 나오고 구름은 하늘의 기운에서 나온다.[111]

> 기가 활동하면 생성하고 변화하며, 기가 확산되면 형체가 있게 되고, 기가 펼쳐지면 번식하고 자라며, 기가 활동을 멈추면 형상이 변하니, 이에 이르도록 하는 것은 하나의 기이다.[112]

천지의 생성이 기의 작용이며 비가 오고 구름이 형성되는 것은 천기와 지기에 의해서 순환된다고 설명되었다. 기가 움직여야 형상이 생기고 기가 변해야 만물이 변화하는데 이러한 원리는 기에 의한다고 언급되었다. 「음양응상대론」을 보면 만물이 다양한 형태로 순환되고 변환되는 과정이 언급되었다. 이와 마찬가지로 인체도 자연처럼 동일하게 기에 의해 변환되는 존재라고 여기고 있다.

> 미(味)는 형체로 돌아가고, 형체는 기로 돌아가며, 기는 정으로 돌아가고, 정은 변화로 돌아간다. 정은 기를 먹고 자라고 형체

---

111) 『素問』「陰陽應象大論」: 淸陽爲天, 濁陰爲地, 地氣上爲雲, 天氣下爲雨, 雨出地氣, 雲出天氣.
112) 『素問』「五常政大論」: 氣始而生化, 氣散而有形, 氣布而蓄育, 氣終而象變, 其値一也.

는 미를 먹으며 변화는 정을 낳고 기는 형체를 낳는다.[113]

『황제내경』은 시령설(時令說)을 받아들여 시간의 변화에 따라 몸도 함께 감응하여 변화한다고 보았다.

일월과 이월에는 하늘의 기가 시작되고, 땅의 기가 처음 나오는 때이고 사람의 기는 간에 있다. 삼사월에는 하늘의 기가 바르게 되고 땅의 기는 발생을 정하니 사람의 기는 비장에 있다. 오뉴월에는 하늘의 기가 왕성해지고 땅의 기는 높으니 사람의 기는 머리에 있다. 구시월에는 음기가 얼기 시작하고 땅의 기는 닫히기 시작하니 사람의 기는 심장에 있다. 십일월과 십이월은 얼음이 닫히고 땅의 기가 합해지니 사람의 기는 신장에 있다.[114]

이러한 관계는 『영추(靈樞)』 「세로론(歲露論)」에서 사람과 천지는 서로 간여한다(人與天地相參)거나, 『영추』 「사객(邪客)」에서 사람과 천지는 상응한다(人與天地相應)고 하여 천지와 인간이 모두 일원(一元)에서 태어나고 일기(一氣)로 상호 연계성을 가지고 일정한 규율이 존재한다는 것이다. 이에 근거하여 인체를 소우주로 자연을 대우주로 여겨 인간과 하늘이 서로 상응한다고 본 것이다.

황제께서 백고에게 물어 말하기를, 사람의 지체 마디가 천지에 어떻게 상응하는지요? 백고가 대답하기를 하늘은 둥글고 땅은 네모나며 사람의 머리도 둥글고 발이 네모나니 천지와

---

113) 『素問』 「陰陽應象大論」: 味歸形, 形歸氣, 氣歸精, 精歸化, 精食氣, 形食味, 化生精, 氣生形.

114) 『素問』 「診要經終論」: 正月二月 天氣始方 地氣始發 人氣在肝, 三月四月 天氣正方 地氣定發 人氣在脾, 五月六月 天氣盛 地氣高 人氣在頭, 七月八月 陰氣始殺 人氣在肺, 九月十月 陰氣始 冰 地氣始閉 人氣在心, 十一月十二月 冰復 地氣合 人氣在腎.

상응합니다. 하늘은 해와 달이 있고 사람은 두 눈이 있으며 땅은 구주가 있고 사람은 아홉 구멍이 있습니다. 하늘에는 번개와 비가 있고 사람에게는 기쁨과 노여움이 있으며, 하늘에는 사계절이 있고 사람은 사지가 있으며, 하늘에는 오음(五音)이 있고 사람에게는 오장이 있으며, 하늘에는 육률(六律)이 있으니 사람에게는 육부(六腑)가 있으며, 하늘에는 겨울과 여름이 있어서 사람에게는 추위와 더위가 있고, 하늘에는 10일이 있으니 사람에게는 열 손가락이 있습니다. 이것이 사람과 천지가 서로 상응하는 것입니다.[115]

사람이 천지를 닮았기에 인간의 중요성을 밝히고 있고, 『회남자』에서 보이는 삼재사상이 여기서도 적용되고 있다.

하늘은 덮고 땅은 싣는다. 만물이 다 갖춰져 있어도 사람보다 더 귀한 것은 없다.[116]

무릇 사람은 땅에서 태어나서 하늘에 의해 목숨을 유지하니, 하늘과 땅이 기를 합해서 명하니 사람이라 한다. 사람이 사계절에 응할 수 있는 것은 천지를 부모로 삼았기 때문이니 만물을 주재하는 자를 천자라고 한다. 하늘에 음양이 있듯이 사람에게는 팔다리가 열두 마디이며, 하늘에는 추위와 더위가 있듯이 사람에게는 허와 실이 있다.[117]

『소문(素問)』에서 사람은 천지의 기와 사시의 철에 따라 살아야

---

115) 『靈樞』「邪客」: 黃帝問於伯高曰, 願問人之支節, 以應天地奈何. 佰高答曰, 天圓地方, 人頭圓足方, 以應之. 天有一月, 以有兩目, 地有九州, 人有九竅, 天有風雨, 人有喜怒, 天有雷電, 人有音聲, 天有四時, 人有四肢, 天有五音, 人有五臟, 天有六律, 人有六腑, 天有冬夏, 人有寒熱, 天有十日, 人有手十指……此人與天地相應者也.

116) 『素問』「寶命全形論」: 天覆地載, 萬物悉備, 莫貴於人.

117) 『素問』「寶命全形論」: 夫人生於地, 懸命於天, 天地合氣, 命之曰人. 人能應四時者, 天地爲之父母, 知萬物者, 謂之天子. 天有陰陽, 人有十二節, 天有寒暑, 人有虛實.

한다고 말했다.

> 사람은 천지이기(天地二氣)로 생하고 사시(四時)의 법으로 성
> (成)한다.118)

또 인체의 모든 기관이 천기와 통한다고 보고 있다.

> 구규, 오장, 십이절이 모두 천기에 통한다.119)

사람은 천지의 기로 태어나고 성장하며, 인체의 내장기관도 천
기에 통하고 있다는 전제를 달고 있다.

『관자』에서 비롯된 정기가 치신은 물론이고 우주론으로 발전
되었다가 다시 우주와 몸을 연결하는 통로로 인식되었다. 인간
과 하늘을 연결하려는 의식이 의학에도 미쳤으며 인간의 중요
성이 부각되었다. 기에 의해 천인 상응하는 개념이 싹텄다고 본다.

2) 음양과 오행

음양과 오행이란 한 몸 안의 기를 음양의 성질로 배속하여 음
양의 변화에 따라 상극상생의 운동을 일으켜 사시(四時)가 운행
되고 만물이 화생한다는 이론이다. 『노자』 제42장의 "도생일 일
생이……"는 우주의 생성과정을 말하는 것이며, 만물이 화생한

---

118) 『素問』 「寶命全形論」: 人以天地之氣生, 四時之法成.
119) 『素問』 「生氣通天論」: 九竅, 五臟, 十二節, 皆通乎天氣.

이후에 다시 음을 등지며(背部) 양을 감싸고(懷抱) 있게 된다. 「음양응상대론(陰陽應象大論)」은 천지자연의 음양을 설명한 개념이다.

> 가볍고 청량한 양의 기가 위로 모여 하늘이 되고, 무겁고 탁한 기가 아래로 모여 땅이 된다. 아래의 지기가 올라가면 구름이 되고 위의 천기가 내려오면 비가 되는 것이니, 비는 천기가 중탁하여져 하강하는 것이고, 구름은 지기가 경청해져서 상승하는 것이다.[120]

음양이란 순환하는 의미를 내포하며 상하승강의 운동의 법칙을 음양의 작용원리라고 보았다. 또 「음양응상대론」의 내용을 살펴보면 양기와 음기의 작용이 설명되었다.

> 청정한 양기는 상규로 나가고 중탁한 음기는 하규로 배출되며, 청정한 양기는 주리에 발하며 탁한 음기는 오장으로 주행하며, 청양은 사지를 실하게 하고 탁음은 육부로 돌아온다.

인체를 천지와 마찬가지 개념으로 상규와 하규, 주리와 오장, 사지와 육부로 나누고 각기 청기와 탁기로 나누어 음양의 작용원리에 따르는 것으로 보았다. 이는 『주역』에서 말하는 태극이 양의를 생하고 양의가 사상을 생하고 사상이 팔괘를 생하는 전개과정과 동일한 구조를 가지는 것과 같다.[121] 천(天)도 음양[122]

---

120) 「陰陽應象大論」: 淸陽爲天, 濁陰爲地, 地氣上爲雲, 天氣下爲雨, 兩出地氣, 雲出天氣.

121) 『周易』「卦辭傳」: 是故易有太極, 是生兩儀, 兩儀生四象, 四象生八卦.

122) 일물(一物)은 양 속에 음이 있고 음 속에 양이 있다. 사람도 남성 중에서도 양기가 많은 남성이 있는가 하면 여성스러운 남성도 있는 것과 마찬가지로 하늘도 음양을 둘 다 가지고 있으며 땅도 음이지만 음 속에 양을 지니고 있다.

이 있고 양도 음양을 지니고 있으며, 음 또한 음양이 있다는 것
으로 보았다.

> 한서조습풍화를 하늘의 음양이라 하고 …… 목화토금수를 땅
> 의 음양이라고 하였으니, …… 하늘의 기를 알아 쉼 없이 변
> 하여 다섯부터 오른쪽으로 움직이고 …… 지기를 알아 고요
> 히 머물러서 여섯부터 둥글게 모으고 …….123)

음양이 시간의 개념으로 확대되어 사시가 된다. 그러나 음양
과 사시를 연결하기는 쉽지 않지만 기의 시간적 흐름에 따라 음
양의 배속이 달라진다고 보았다. 동중서의 『춘추번로』에서 달
라진 음양의 결과에 따라 사시가 형성된 것으로 보았다.

> 하늘의 도는 봄에는 따뜻해서 낳고, 여름에는 더워서 키우고,
> 가을에는 맑아서 죽게 하고, 겨울에는 추워서 저장한다. 따뜻
> 하고 덥고 맑고 추운 것은 각기 기가 다르기 때문이지만 원
> 리는 같으니, 모두 하늘이 세월을 만들기 때문이다.124)

마찬가지로 『내경』에서도 음양과 사시의 결합에 의해 만물의
근본이 형성된다고 보았다. 성인은 봄과 여름에는 양기를 기르
고, 가을과 겨울에는 음기를 기름으로써 근본을 따르는 것으로

---

123) 『素問』「天元紀大論」: 上下相召奈何? 寒暑燥濕風火, 天之陰陽也, 三陰三陽上奉之. 木火土金
水, 地之陰陽也 ,生長化收藏下應之, 天以陽生陰長, 地以陽殺陰藏. 天有陰陽, 地易有陰陽. 木
火土金水火, 地之陰陽也, 生長化收藏, 故陽中有陰, 陰中有陽. 所以欲知天地之陰陽者, 應天之
氣, 動而不息, 故五歲而右遷. 應地之氣, 靜而守位, 故六期而環會, 動靜相召, 上下相臨, 陰陽相
錯, 而變由生也.

124) 『春秋繁露』「四時之副」: 天之道, 春暖以生, 夏暑以陽, 秋淸以殺, 冬寒以藏, 暖, 暑, 淸, 寒, 異
氣而同功, 皆天之所以成勢也.

여겼다. 근본을 거스르면 그 뿌리가 손상되는 것으로 보았다.

> 음양과 사시는 만물의 처음과 끝이고 생사의 근본이다.[125]

> 사시와 음양은 만물의 근본이다. 성인은 봄과 여름에는 양기
> 를 기르고 가을과 겨울에는 음기를 기름으로써 그 근본에 따
> 르는 것이다. 그래서 만물과 더불어 생장을 돕기도 하고 어
> 렵게도 한다. 근본을 거스르면 그 뿌리가 손상되어 생명력이
> 무너진다.[126]

또 음양과 연결시켜 오행을 설명하면서 천지의 생성과 우주의
구조, 기상의 변화 등과 인간의 심리적·생리적 기능을 하나로
다루고 있다.

> 음양이란 천지의 질서이고 만물의 법칙이고 모든 변화의 근
> 원이고 죽고 사는 것의 원천이고 신명(神明)의 창고이다. ……
> 하늘은 사시와 오행으로써 만물을 생육시키고 잠들게 하며,
> 추위와 더위, 건조함, 바람 등을 발생시킨다. 인간은 오장으
> 로부터 나오는 오기에 의해 기쁨, 노여움, 슬픔, 우울함, 공포
> 등의 감정을 일으킨다. …… 하늘은 서북쪽이 부족하다. 그러
> 므로 서북쪽은 음이며, 인간의 오른쪽 귀와 눈은 왼쪽만큼
> 밝지 못하다. 땅은 동남쪽이 부족하다. 그러므로 동남쪽은 양
> 이며, 인간의 왼쪽 손과 발은 오른쪽만큼 강하지 못하다.[127]

---

125) 『素問』 「四氣調神大論」: 故陰陽四時者, 萬物之終始也, 死生之本也.

126) 『素問』 「四氣調神大論」: 夫四時陰陽者, 萬物之根本也. 所以聖人春夏養陽, 秋冬養陰.

127) 「陰陽應象大論」: 陰陽者, 天地之道也, 萬物之綱記, 變化之父母, 生殺之本始, 神明之府也.
…… 天有四時五行以生長收藏, 以生寒暑燥濕風, 人有五臟化五氣, 以生喜怒悲憂恐, …… 天
不足西北, 故西北方陰也, 而人右耳目不如左明也. 地不滿東西, 故東南方陽也, 而人左手足不
如右强也.

오행학설이란 다섯 가지 물질적 요소나 재료 혹은 실체라기보다는 다섯 가지 작용과 기능, 힘, 순서 그리고 효과라고 본다(양계초·풍우란, 1993, 352). 동중서는 오행의 행에 대해 '지나감'이라고 말했다.

> 행이란 지나가는 것을 말한다. 그 지나감이 같지 않기 때문에 그것을 일컬어 다섯 가지의 지나감이라고 한다. …… 나란히 있는 것은 서로 도와주고 사이가 떨어진 것은 서로 제약한다.[128]

그리고 추연은 오행의 순서를 상극관계로 보고 토, 목, 금, 화, 수라 했는데 이와 달리 동중서는 상생관계인 목, 화, 토, 금, 수의 순서로 보았다. 어쨌든 오행은 다섯 가지 유형의 기에 의해 현상을 파악하는 것이다. 각 성질의 기는 운행, 변화 등의 운동성이 있으며 평형성의 원칙에 의거해서 상생과 상극 작용을 하는 것이다. 오행이론은 우주론에 적용하여 국가의 변화, 관리의 체제, 계절의 변화, 색, 음(音), 감정, 음식 등 국가와 사회는 물론이고 인간의 성격까지 적용하였다. 『내경』에서는 오행을 자연의 변화와 인간의 몸을 연결지어 적용하였다.

> 하늘에는 사시와 오행이 있으니 생산하고 키우며 거두어들이고 저장한다. 이 때문에 추위, 더위, 건조함, 습기, 바람이 생긴다. 사람은 오장이 있고 그것이 오기로 변화하니 기쁨, 노함, 슬픔, 근심, 두려움이 생긴다. 고로 희로는 기를 손상시

---

128) 『春秋繁露』 「五行相生」: 行者行也, 其行不同, 故謂之五行……比相生而間相勝也.

키고 한서는 형을 손상시킨다.[129]

하늘과 땅 사이와 상하사방 안에서 오행을 벗어나지 않으니
사람도 이에 감응한다.[130]

여기서 사시와 오행의 개념은 각기 우주를 바라보는 다른 체
계의 시각이다. 오행은 공간(宇)을 점유하는 사물들의 배열 양상
이고 사시는 사계절이라는 시간(宙)의 한 유형으로 이해될 수 있
다(김희정, 2004, 229). 우주공간은 오행에 따라 기의 생김새가
달라지므로 우(宇)이며 존재하는 몸이 되고, 시간에 따라 기의
음양이 변화하여 주(宙)가 되므로 변화되는 몸이 된다. 우주 자
연에서 품부를 받은 인간의 몸도 동일하게 작동한다고 본다. 그
래서 인체를 소우주라고 보는 이유가 여기에 있다고 본다.

그리고 오행은 각기 다른 모습을 하는 것이 아니고 단지 성질
이나 작용을 설명하고 인식하기 위한 것으로 보는 것이다. 오행
은 한 가지 사물이 지니고 있는 오행 중에서 일행의 편차가 두
드러지기 때문이지 항상 그러한 것은 아니다(김헌관·홍원식,
1995, 683). 이는 하나의 물체가 형성되기 위해서는 비록 다과의
차이는 있을지라도 오행의 요소를 기본적으로 갖추어야 하기
때문이다(윤창열, 1992, 247). 한마디로 오행사상을 『내경』에 도
입하게 된 배경은 오행 중의 각 행이 두드러지는 현상이 발생할
때 물체의 성질이 변하거나 어느 한 방향으로 결정되어 발병의

---

129) 『素問』「陰陽應象大論」: 天有四時五行, 以生長收藏, 以生寒暑燥濕風, 人有五臟, 化五氣, 以
生喜怒悲憂恐, 故喜怒傷氣, 寒暑傷形.
130) 『靈樞』「通天」: 天地之間, 六合之內, 不離於五, 人亦應之.

원인이 된다고 보았기 때문이다. 수련에서는 각 장부에 상응하는 오행이 중용의 도를 지킬 때 몸에서 음양이 조화를 찾는 것으로 보고 있다.

제2부

몸 수련과 참장

5. 몸 수련의 방법

고대의 신화시대부터 적송자에 의한 도인법[131]이 전해져 오고 있다. 『제병원후론·풍불인후도인법(諸病源候論·風不仁候導引法)』에 그 공법이 전하는데 이것이 중국 역사상 기공실천에 관한 최초의 기록이다. 『섭생찬록(攝生纂錄)』에 적송자건욕법(赤松子乾浴法), 적송자도인법(赤松子導引法), 적송자좌인법(赤松子坐引法), 적송자촬이법(赤松子攝耳法), 적송자촬면법(赤松子攝面法)이 수록되어 있다.

『신선전(神仙傳)』과 『헌원본기(軒轅本紀)』에서 광성자(廣成子)는 황제(皇帝)에게 『자연경(自然經)』을 전했다 했다. 광성자(廣成子)는 공동산(崆峒山)[132]에서 도를 닦았는데 양생에 대해 황제에

---

131) 도교(道敎)에서 선인(仙人)이 되기 위하여 시행하는 장생양생법(長生養生法).

132) 해발 2,123m로 서쪽 실크로드의 요충지이며, 도교 12선산 중의 하나이다. 황제(黃帝)가 공동산에 올라 광성자에게 길을 물었고 그 뒤 진(秦)의 황제와 한(漢)의 황제들도 황제를 본받아 공동산에 올라 공동산의 선인들에게 길을 물었다고 한다. 동서남북 중 오대(五台)를 형성한다.

게 대답하기를

> 도의 정(精)에 이름은 아득하고 어두우며, 도의 극(極)에 이름
> 은 먹과 같이 캄캄하고 시간도 없으며 들리는 것도 없으니
> 정(靜)함으로써 신(神)을 잡으니 형(形)이 스스로 바르게 되었
> 습니다. 반드시 정(靜)하고 청(淸)하며 자신의 정(精)이 흔들림
> 없게 해야 장생할 수 있습니다. 내가 그 화하는 곳을 지키니
> 1,300년을 살아도 아직 노쇠하지 않았습니다.

라고 했다.

연대미상의 팽조(烹調)는 안마법과 명목법(明目法)을 남겼으며, 팽조 이래로 주(周)나라가 세워지면서 주문왕(周文王)을 도운 태공망 여상(太公望 呂尙)이란 인물이 도가에 가까운 기공을 전하는 것 외에는 별다른 기록은 없다. 주(周)의 동천으로 제자백가의 문화적 호황을 맞으며 군웅이 할거하는 춘추전국시대에 진입하게 된다. 기공도 각 백가들의 이념에 따라 노자를 중심으로 하는 도가공, 공자를 중심으로 하는 유가공과 편작(扁鵲)으로 추측되는 의가공으로 크게 세 가지로 분류된다.

노자기공은 노자와 그의 제자인 항창자(亢蒼子)와 전국시대의 열자(列子), 장자(莊子)에 의해 도가의 사상이 형성되었다. 송(宋)의 마단림(馬端林)은 『문헌통고(文獻通考)』에서 도가의 술은 복잡하고 종류가 많다고 하면서 도술(道術)에 대해 다음과 같이 소개했다.

대개 청정(淸淨)이 하나의 주장이고, 연양(煉養)이 하나의 주장이며, 복식(服食)이 하나의 주장이고, 부록(符籙)이 하나의 주장이며, 경전과의(經典科儀)가 또 하나의 주장이다.[133]

도교의 양생 수련법을 개괄하고 도가의 발전상황을 설명하자면 황제, 노자, 열자, 장자는 청정무위를 자세히 강론하고 연양은 소략하게 언급했으며, 위백양(魏白陽)은 연양만 말하고 청정은 말하지 않았다. 또 노생(盧生), 이소군(李少君), 난대(欒大)는 복식을 말하고 연양을 언급하지 않았으며, 장도릉(張道陵), 구겸지(寇謙之)는 부록은 말하고 연양과 복식은 말하지 않았으며, 두광정(杜光庭) 이후로는 단지 경전과의(經典科儀)[134]만 말했다.

후대에는 이것을 더욱 간결하게 연양과 부록으로 양분하였다. 전자는 단정파(丹鼎派)로 위백양, 갈홍, 송원의 내단파가 여기에 속한다. 후자는 부록파인데 장도릉(張道陵)의 천사도(天師道), 금원(金元) 시기의 정일파(正一派)[135]가 모두 여기에 속한다. 이 두 가지 도술 중에서 기공양생과 관련이 있는 것은 연양이다. 도교의 연양 방법들은 각각 상이한 특징이 있는데 대략 7가지로 분류한다. 정공(靜功), 동공(動功), 기공(氣功), 방중(房中), 외단(外丹), 내단(內丹), 부록(符籙), 경전(經典)으로 나눈다. 이 책에서는 기공의 중심이 되는 도교기공양생의 방법을 중심으로 살펴보았다.

---

133) 盖淸淨一說也, 煉養一說也, 服食又一說也, 符籙又一說也, 經典科儀一說也.

134) 도교경전을 공부하고 의식을 따르는 것을 말함.

135) 천사도라 불리다가 후에 정일파로 개칭. 전진교와 함께 도교의 가장 큰 종파이다.

1) 정공(靜功)[136]

   정공은 도교에서는 성공(性功)이라 부르기도 한다. 성(性)은 성정(性情), 이성(理性), 심신(心身)을 가리킨다. 심을 닦고 신을 기르는 것이 곧 성공이다. 심과 성은 본래 하나이지만 성은 생명의 중심이고 심은 영적인 밝음을 지각하는 중심으로, 생명이 없으면 지각이 없고 지각이 없어도 생명이 없다. 다시 말해 성은 심의 체(體)이고, 심은 성의 용(用)이다. 그러므로 심을 기르는 것이 성을 기르는 것이고 성을 닦는 것이 심을 닦는 것이다. 심을 단련하는 방법에 대해 『회남자』 「원도훈(原道訓)」에서는 다섯 가지의 심성수양의 방법을 제시하였다.

>   무릇 기뻐하거나 노여워하면 도를 그르치고, 근심하거나 슬퍼하면 덕을 잃으며, 좋아하거나 미워하면 마음에 허물이 생기고, 욕망이 강하면 본성에 누가 된다. 사람이 크게 화를 내면 음기를 깨뜨리고, 크게 기뻐하면 양기를 무너뜨리며, 기가 얇아지면 벙어리가 되고, 놀라면 미치게 된다. 근심과 슬픔이 많아 자주 성내면 병이 쌓이고, 좋아함과 미워함이 많으면 화가 찾아온다. 그러므로 마음에 근심과 기쁨이 없는 것이 덕의 지극함이고, 좋아하고 미워하는 바가 없는 것이 평안함의 지극함이며, 외물에 의해 흩어지지 않는 것이 순수함의 지극함이다. 이 다섯 가지를 잘할 수 있는 사람은 신명에 통한다. [137]

---

136) 김낙필 외 3인 역, 이원국 저, 『도교기공양생학』 「제1장 도교기공양생학개요」, 45-53쪽.

137) 夫喜怒者, 道之邪也; 憂悲者, 德之失也; 好憎者, 心之過也; 嗜欲者, 性之累也. 人大怒破陰, 大喜墜陽. 薄氣發瘖, 驚怖爲狂. 憂悲多恚, 病乃成積; 好憎繁多, 禍乃相隨. 故心不憂樂, 德之至也; 通而不變, 靜之至也; 嗜欲不載, 虛之至也; 无所好憎, 平之至也; 不與物散, 粹之至也. 能此五者, 則通于神明.

78 동양인은 왜 몸을 닦는가

이는 마음을 청정하게 하고, 심을 닦고 성을 기르는 것을 첫 번째 요지로 삼는 도교의 기본 공부이다. 또 원대(元代)의 이붕비(李鵬飛)의 『삼원연수참찬서(三元延壽參贊書)』 2권에서는 다음과 같이 말하였다.

> 사람이 지나치게 기뻐하면 백(魄)을 상하게 하고, 분노하면 기가 역류하여 간(肝)을 상하게 하며, 깊이 슬퍼하면 혼(魂)을 상해 미치게 되고, 생각이 너무 많으면 신(神)과 심(心)을 상하게 한다. 그러므로 근심, 두려움, 증오와 사랑, 보고 듣는 것, 의혹, 말 등이 지나치고 심하면 성명(性命)에 손상을 주므로 모든 감정을 조절하고 마음을 닦고 정신을 길러야 한다. 그는 황제의 말을 인용하여 "밖으로는 너무 수고롭게 일하지 않고 안으로 지나치게 근심하지 않으며, 담담한 마음을 유지하고 스스로 만족하면, 형체가 피폐하지 않고 정신이 흐트러지지 않아 백수를 누릴 수 있다."라고 하였다.[138]

> 팽조는 "평범한 사람은 생각이 없을 수 없으니 서서히 생각을 줄여 가야 한다. 사람의 몸을 텅 비워 단지 노니는 기(游氣)만 있고 호흡이 조리에 맞으면 온갖 병이 사라진다."라고 말하였다. 또 팽조가 "도는 번잡한 데 있지 않다. 단지 입을 것, 먹을 것, 음악과 여자, 이김과 짐, 얻음과 잃음, 영예와 욕됨을 생각하지 않을 수 있으면, 마음은 수고롭지 않고 신(神)은 피곤하지 않다. 단지 이와 같이 하면 천 년을 살 수 있다."라고 하였다.[139]

『태상로군설상청정경(太上老君說常淸靜經)』에서는

---

138) 外不勞形於事, 內無思想之患, 以恬愉爲務, 以自得爲功, 形體不蔽, 精神不散, 可壽百壽也.

139) 彭祖曰: 凡人不可無思, 當漸漸除之. 人身虛無, 但有游氣, 氣息得理, 百病不生. 又曰: 道不在煩, 但能不思衣, 不思食, 不思聲色, 不思勝負, 不思實得, 不思榮辱, 心不勞, 神不極, 但爾, 加得千歲.

무릇 사람의 신(神)은 맑음을 좋아하지만 심(心)이 신을 어지럽히고, 심은 고요함을 좋아하지만 욕망이 심을 요동시킨다. 늘 욕망을 버릴 수 있으면 심은 저절로 고요해지고, 심을 깨끗하게 할 수 있으면 신은 저절로 맑아진다. 그리하여 여섯 가지 욕망은 저절로 생기지 않고 삼독(三毒)은 소멸된다.[140]

결론적으로 『창도진언(唱道眞言)』에서 양생의 기본을 말했다.

단을 제련하기 위해서는 먼저 마음을 수련해야 한다. 마음을 수련하는 법은, 한가한 생각이나 쓸데없는 생각을 버리는 것으로 청정한 법문을 삼는 것이다. 선가의 스승들이 서로 수련한 것은 다른 도가 아니다.[141]

마음을 다스려서 청정하게 하여 성을 기르는 것을 중요하게 여기는 것이 정공의 핵심이라 할 수 있다.

도교에서 성(性)을 기르는 정공의 방법은 매우 풍부하다. 『장자』의 심재(心齋), 좌망(坐忘)과 『태평경』의 수일(守一), 존신(存神)이 있고, 후대에는 지념(止念), 수심(收心), 존사(存思), 정관(定觀), 내시(內視), 수중(守中), 수법(睡法) 등이 모두 도교의 정공에 속한다. 초천석(肖天石) 선생의 『도해현미(道海玄微)』에 '도가장좌십이심법(道家靜坐十二心法)'이 수록되어 있다. 즉 ① 일령독각법(一靈獨覺法), ② 민외수중법(泯外守中法), ③ 명심수일법(冥心守一法), ④ 계심수규법(繫心守竅法), ⑤ 허심실복법(虛心實腹法), ⑥ 심식상의법(心息相依法), ⑦ 응신적조법(凝神寂照法), ⑧ 회광반조법(回光返照法), ⑨ 적심지

---

140) 夫人神好淸, 而心憂之 ; 人心呼靜, 而欲遣之. 常能遣其欲而心自靜, 澄其心而神自淸. 自然六欲不生, 三毒消滅.

141) 燃丹先要煉心. 煉心之法, 以去閑思妄想爲淸淨法門. 仙家祖祖相專, 無他道也.

념법(寂心止念法), ⑩ 존상곡신법(存想谷神法), ⑪ 식망전진법(息妄全進法), ⑫ 반환선천법(返還先天法)이 소개되어 있다. 이상은 모두 고요히 앉거나 서 있는 자세로 기공을 단련하는 방법을 모은 것이다.

『성명규지』[142] 「형집(亨集)」에 실린 입선도(立禪圖)에 첨부된 글에서

> 언제 어디서라도 장자의 무하유지향(無何有之鄕)에서 소요하고, 부지불식간에 여래의 대적멸(大寂滅)의 바다에서 노닌다. 하늘이 맑고 기운이 깨끗할 때는 입선납기법(立禪納氣法)을 사용해 원기를 보충한다. 그 방법은 '발은 땅에 붙이고 코는 하늘에서 멀게 하며 양손은 혈 주변에서 서로 맞잡고 있으면, 일기(一氣)가 하늘로부터 내려와 침을 삼킬 때 콸콸 쏟아져 단전까지 내려온다. 머물러 있거나 서 있거나에 상관없이 모두 눈을 감고 마음을 닦으며, 감정을 단속하고 생각을 제어하며, 일을 멈추고 신(神)을 기른다. 그리하여 지나간 일을 돌이켜 생각하지 않고, 오지 않은 일은 미리 생각하지 않으며, 현재의 일은 지나치게 마음에 두지 않는다. 몸을 보존하는 도결(道訣)을 얻고자 한다면 마음을 고요히 하고 깨끗이 하는 것 이상이 없고, 세간을 벗어나는 선(禪)을 닦고자 한다면 밖을 향하는 눈을 거둬들여 마음을 응결시키고 조화시키는 것 이상이 없다'고 제시 되었다. 옛날에 광성자(廣成子)가 황제(黃帝)에게 "눈으로 보는 바가 없고 귀로 듣는 바가 없으며 마음으로 아는 바가 없으면, 신(神)이 형체를 지켜 장수하게 된다."라고 하였다. 그 뜻은 대체로 위와 같으나, 광성자의 말이 진실로 깊고 절실하다.[143]

라고 하였다.

---

142) 『성명규지』는 전통적으로 내려오던 내단술(內丹術)을 집대성하여 압축 설명해 놓은 명나라 때의 중요한 책이다.

143) 隨時隨處, 逍遙於莊子無何有之鄕; 不識不知, 遊戱於如來大寂滅之海. 若天朗氣淸之時, 當用立禪納氣法而接命. 其法曰: 脚跟着地鼻遼天, 兩手相懸在穴邊, 一氣引從天上降, 呑時汨汨到丹田. 或住或立, 冥目冥心, 檢情攝念, 息業養神, 已往事勿追思, 未來事物勿想, 現在事勿留念; 欲得保身道訣, 莫若閑靜介潔; 要求出世禪功, 無如照收凝融, 昔黃成子告黃帝曰: 目無所知, 耳無所聞, 心無所知, 神將守形, 形乃長生. 其意大同, 允爲深切.

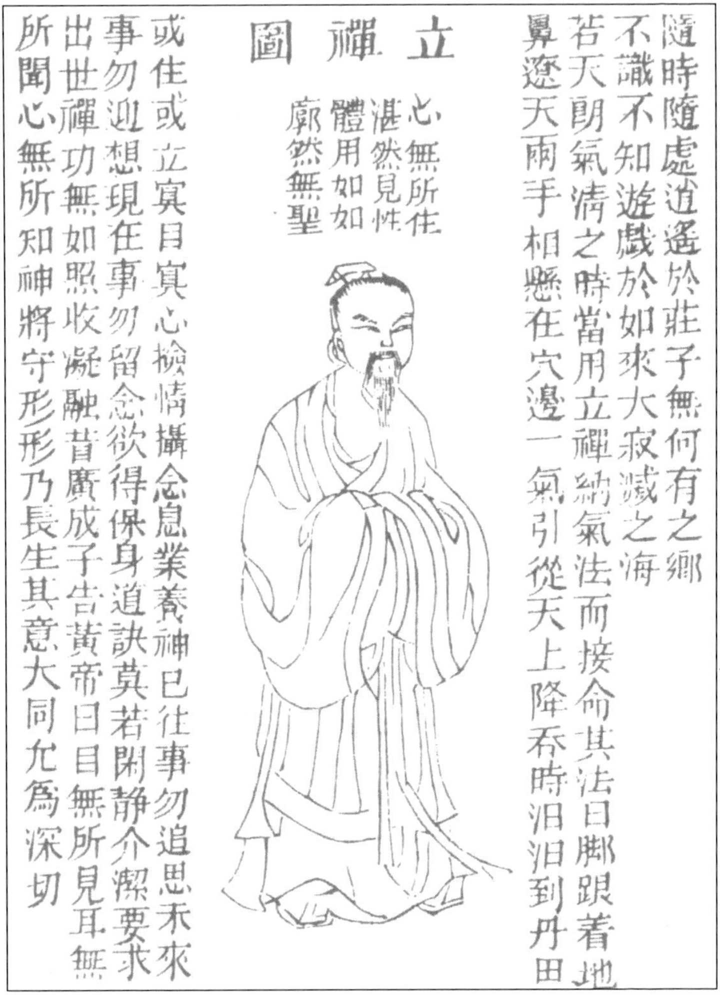

隨時隨處道遙於莊子無何有之鄉
不識不知遊戲於如來大寂滅之海
若天朗氣淸之時當用立禪納氣法而接命其法曰脚跟着地
鼻遂天兩手相懸在穴邊一氣引從天上降吞時汩汩到丹田

立禪圖

心無所住
湛然見性
體用如如
廓然無聖

或住或立寘目寘心檢情攝念息業養神已往事勿追思未來
事勿迎想現在事勿留念欲得保身道訣莫若閑靜介潔要求
出世禪功無如照收凝融昔廣成子告黃帝曰目無所見耳無
所聞心無所知神將守形形乃長生其意大同尤爲深切

〈그림 1〉 입선도(入禪圖)

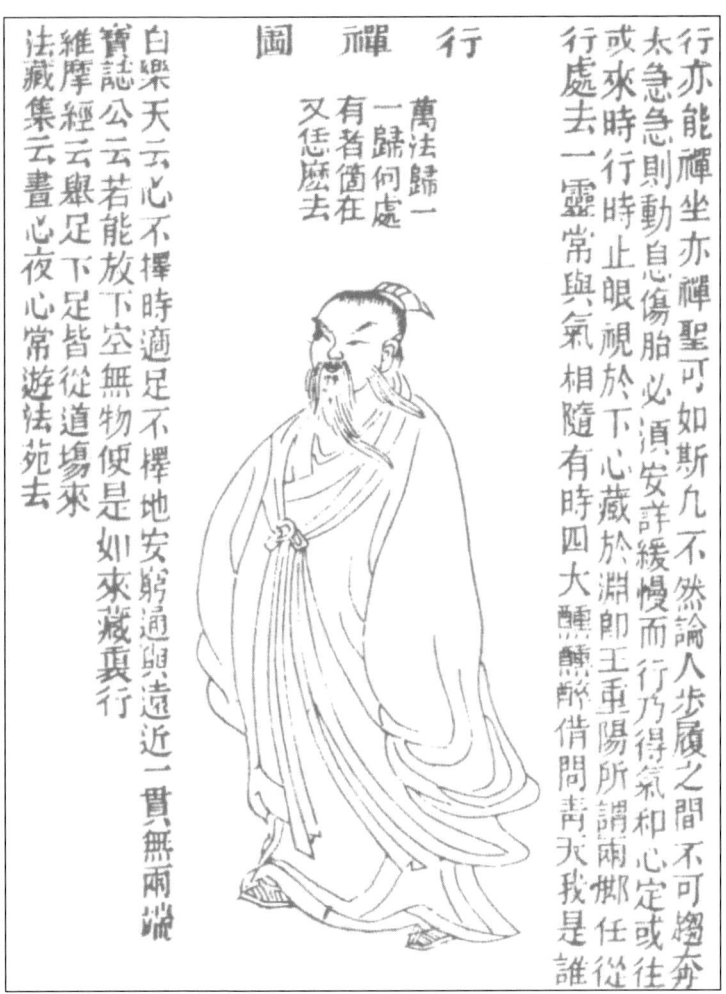

行亦能禪坐亦禪聖可如斯九不然論人步履之間不可緫奔
太急急則動息傷胎必須安許緩慢而行乃得氣和心定或往
或來時行時止眼視於下心藏於淵卽王重陽所謂兩䏺任從
行處去一靈常與氣相隨有時四大熏熏醉醉借問靑天我是誰

行禪圖

萬法歸一
一歸何處
有箇箇在
又恁麼去

白樂天云心不擇時適足不擇地安躬適興遠近一貫無兩端
寶誌公云若能放下空無物便是如來藏裏行
維摩經云身足下足皆從道場來
法藏集云晝心夜心常遊法苑去

〈그림 2〉 행선도(行禪圖)

또 『성명규지』 「형집(亨集)」의 행선도(行禪圖)에 첨부된 글에
서는

걸을 때도 선을 행하고 앉을 때도 선을 행한다. 성인은 이와
같이 할 수 있으나 일반인은 그렇지 못하다. 사람이 걸을 때
에는 너무 급하게 뛰어다녀서는 안 되니, 급하게 뛰어다니면
호흡을 격동시켜 태(胎)를 상하게 한다. 반드시 침착하고 천
천히 걸어 다녀야 기가 조화를 얻고 마음이 안정된다. 오거
나 가거나 걸을 때나 멈출 때나, 항상 눈은 내리깔고 마음은
호수에 잠긴 듯이 한다. 이는 곧 왕중양(王重陽)이 말하는,
"두 다리는 발이 오고 가는 대로 맡겨 두고, 내 정신은 항상
기와 서로 함께 하네. 때때로 내 몸이 술에 취한 듯 기분이
좋아, 하늘에 내가 누구냐고 물어보네."와 같다. 백락천(白樂
天)은 "마음은 적절한 때를 기다리지 않고, 발은 편안한 땅을
고르지 않네. 막힘과 통함 그리고 멀고 가까움, 하나로 관통
하여 둘이 아니네."라고 노래하였다. 보지공(寶誌公)은 "모든
것을 내려놓아 아무것도 없는 상태가 될 수 있으면, 그것이
곧 여래장 속을 걷는 것이다."라고 말하였다. 『유마경』은 "발
을 들거나 내리거나 모두 도량으로부터 나온다."

라고 하였다.[144]

---

[144] 行亦能禪坐亦禪, 聖可如斯凡不然. 論人步履之間, 不可趨奔太急, 急則動息傷胎. 必須安祥緩慢
而行. 乃得氣和心定. 或往或來, 時行時止. 眼視於下, 心藏於淵, 卽王重陽所謂 '兩脚任從行處
去, 一靈常與氣相隨. 有時四大醺醺醉, 借問靑天娥時雖'. 白樂天云: '心不擇時適, 足不擇地安,
窮通與遠近, 一貫無兩端.' 寶誌公云: '若能放下空無物, 便是如來藏裏行.' 『維摩經』云: '擧足
不足, 皆從道場來.'

〈그림 3〉 좌선도(坐禪圖)

『성명규지』「형집(亨集)」의 좌선도(坐禪圖)에 첨부된 글에서는

앉을 때 꼭 결가부좌를 할 필요는 없다. 편안한 자세면 된다. 앉는 것은 비록 일반 사람과 같지만, '공문심법(孔門心法)'을 잘 지킬 수 있다는 점에서, 일반 사람과 다르다. 이른바 '공문심법(孔門心法)'이라는 것은 단지 마음을 잘 보존하여 '참된 곳(眞)'에 머물게 하는 것이다. 대개 눈과 귀는 내 몸의 문(門)이고, 심장(方村之地)은 내 몸의 대청(堂)이고, 입명지규(立命之竅: 命門)는 내 몸의 방(室)이다. 그러므로 일반 사람들의 마음은 '심장'에 있으니, 이는 사람이 대청에 있는 것과 같아서 소리와 색깔이 문으로부터 들어와 마음을 어지럽힌다. 그러나 지인의 '입명지규'에 간직되어 있으니, 이는 사람이 방 안에 있는 것과 같아서 그 안을 엿볼 수 없다. 그러므로 마음을 잘 다스리는 사람은 마음을 '방'에 감추어 보이지 않게 하니 눈과 귀가 텅 비게 되고, '대청'에 앉아 정사를 다스리니 이목이 올바로 사용된다. 만약 앉아 있을 때 '공문심법'을 지키지 못하면, 곧 '좌치(坐馳)'가 되고, '방심(放心)'이되어 마음이 사방으로 치달리게 될 것이다. 『육조단경(六朝壇經)』에서 "마음에 생각이 일어나지 않는 것을 좌(坐)라 하고, 자성(自省)이 움직이는 않는 것을 선(禪)이라 하고 좌선의 오묘한 뜻은 여기에서 벗어나지 않는다."

고 하였다.[145]

---

145) 坐不必趺跏, 當如常坐. 夫坐雖與常人同, 而能持孔門心法者, 則與常人異矣. 只要存心在眞去處是也. 盖耳目之竅, 吾身之門也; 方村之地, 吾身之堂也; 立命之竅, 吾身之室也. 故衆人心處於方村之地, 猶人之處於堂也, 則聲色得以從門而搖其中; 至人心藏於立命之竅, 猶人之處於室也, 則聲色無所從入而竅其際. 故善事心者, 潛室以頤晦, 而耳目爲處矣; 御堂以聽政, 而耳目爲用矣. 若坐時不持孔門心法, 便是坐馳, 便時放心. 『壇經』曰: 心念不起名爲坐, 自省不動名爲禪. 坐禪妙義, 端不外此.

② 覺窹時切不可妄想則心便虛明

④ 掃石焚香一榻眠 醒來時有客談玄
松風不用蒲葵扇 坐對懸崖百丈泉

⑤ 古洞幽深絕世人 石床風細不生塵
日長一覺皇睡又見簷頭上月輪

圖
禪
臥

① 開心宗之性
示不動之體
悟夢覺之真
入聞思之寂

⑥ 人間白日醒猶睡 老子山中睡却醒
醒睡兩非還是渠 漠漠寒雲水冷冷

⑦ 元神夜夜宿丹田 雲滿蕭庭月滿天
兩箇鴛鴦絲綠水 心一朵紫金蓮

③ 紛擾時亦只如處常則事自順遂

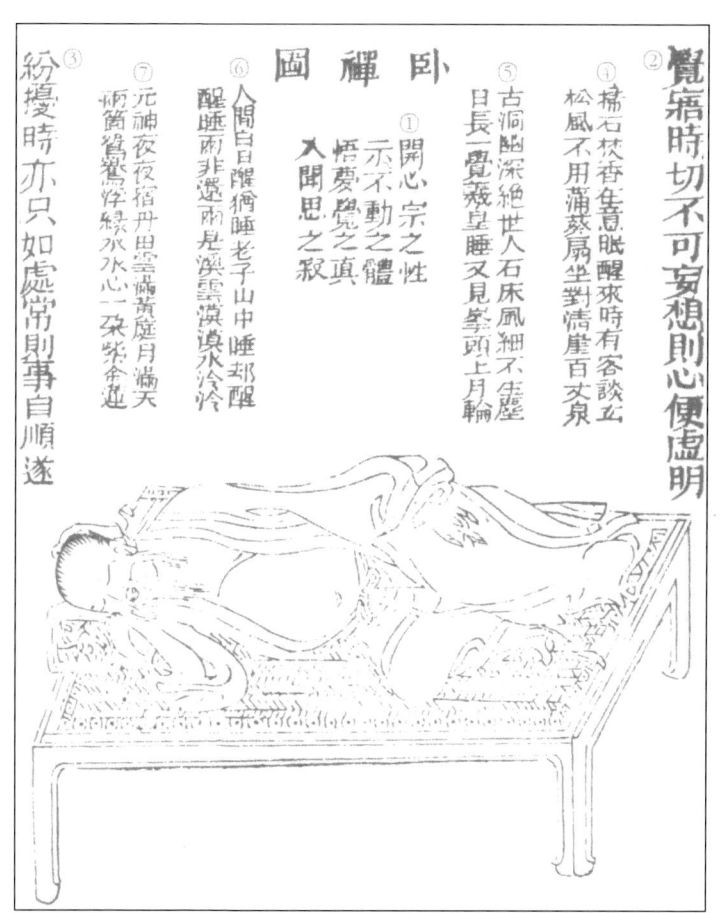

〈그림 4〉 와선·수공도(臥禪·睡功圖)

또 도교에는 고요히 누운 상태를 특징으로 하는 수공(垂功) 수련법이 있다. 유명한 것으로 진단수공(陳摶垂功), 허정선생수공(虛靜先生垂功), 진자득수공(陣自得垂功), 윤청화수공(尹淸和垂功), 선천파수공(先天派垂功), 포룡면수공(抱龍眠垂功), 소탑교와공(小塔橋臥功), 대탑교와공(大搭橋臥功) 등이 있다.

2) 동공(動功)

동공은 고대로부터 내려오던 도인술을 발전시킨 것이다. 이는 행기(行氣), 수인(漱咽: 양치질), 안마(按摩), 맨손체조를 결합하였고 동물의 행동을 모방한 동공과 도인체조가 주축이다. 동물의 행동을 본뜬 동공은 선진시대 팽조의 전통을 계승하였다. 여기에는 화타의 오금희를 위시하여 웅경(雄經),[146] 조신(鳥伸),[147] 부욕(鳧浴),[148] 어약(漁躍),[149] 치시(鴟視),[150] 호고(虎顧),[151] 용도(龍導),[152] 구인(龜咽),[153] 연비(燕飛),[154] 사굴(巳屈),[155] 원거(猿據),[156] 토경(兎

---

146) 곰이 나무를 잡고 흔드는 동작. 필자 주.
147) 새가 날개를 펴는 동작. 필자 주.
148) 오리가 목욕하는 동작. 필자 주.
149) 물고기가 튀어 오르는 동작. 필자 주.
150) 솔개가 아래를 살피는 동작. 필자 주.
151) 호랑이가 사방을 둘러보는 동작. 필자 주.
152) 용이 움직이는 동작. 필자 주.
153) 거북이가 목을 몸통으로 넣는 동작. 필자 주.
154) 제비가 나르는 모양. 필자 주.
155) 뱀이 구불구불하는 동작. 필자 주.
156) 원숭이가 움직이는 모습. 필자 주.

警),[157) 랑거(狼踞)[158) 등이 있다. 이러한 동공은 현대의 대안공 (大雁功)[159)이나 학상장(鶴翔莊)[160)의 전신이 된다.

도인체조는 당시의 의학과 생리학 지식에 근거하여 만들어졌 는데, 탁치(啄齒),[161) 수타(嗽唾),[162) 악고(握固),[163) 인진(咽津),[164) 돈종(頓踵),[165) 차수(叉手),[166) 신족(伸足),[167) 위목(熨目),[168) 인이(引 耳),[169) 마면(摩面),[170) 건욕(乾浴),[171) 탁두(托頭),[172) 앙수(仰手),[173) 전추(前推),[174) 후앙(後仰),[175) 진슬(振膝),[176) 인요(引腰),[177) 권비(卷 臂)[178) 등이 그 주요 동작들이다. 남북조시대에 이르러 이런 방법

---

157) 토끼가 경계하는 모습. 필자 주.
158) 이리가 웅크리는 모습. 필자 주.
159) 기러기가 나르고 뛰는 동작. 필자 주.
160) 학이 날개를 펴며 빙빙 도는 동작. 필자 주.
161) 두 이빨을 서로 두드리는 동작. 필자 주.
162) 침으로 양치하고 3회 나누어 삼키는 동작. 필자 주.
163) 주먹을 꽉 쥐는 동작. 필자 주.
164) 침을 만드는 동작. 필자 주.
165) 발꿈치를 들고 가는 동작. 필자 주.
166) 손으로 깍지를 끼는 동작. 필자 주.
167) 발을 쭉 뻗는 동작. 필자 주.
168) 눈을 덮고 문지르는 동작. 필자 주.
169) 귀를 14번 잡아당기는 동작. 필자 주.
170) 얼굴을 아래서 위로 쓰다듬는 동작. 필자 주.
171) 몸을 손으로 마찰하는 동작. 필자 주.
172) 머리를 손으로 뽑아 위로 올리는 동작. 필자 주.
173) 손을 펴 기지개 펴는 동작. 필자 주.
174) 몸을 앞으로 굽히는 동작. 필자 주.
175) 뒤로 허리를 젖히는 동작. 필자 주.
176) 무릎을 터는 동작. 필자 주.
177) 허리를 늘리는 동작. 필자 주.
178) 팔로 활을 쏘듯 하는 동작. 필자 주.

들이 모두 결합되어서 하나의 수련법이 되는데, 고치(叩齒),[179] 행기(行氣), 도인(導引), 안마(按摩) 등의 부분으로 구성되고 틀이 갖추어진 도인체조가 되었다. 도홍경의『진고(眞誥)』,『등진비결(登眞秘訣)』,『양성연명록(養性延命錄)』과 북주(北周)시대에 완성된 도가서적으로『무상비요(無上秘要)』와 송대에 만들어진 장군방(張君房)의『운급칠첨(雲笈稜箋)』 등에도 동공수련법이 실려 있다.

도교양생가들은 도인으로 병을 치료하고 몸을 건강하게도 한다고 여겼다. 『양생방(養生方)』,『양생방도인법(養生方導引法)』에는 수백 가지의 병 치료법이 실려 있다. 도교 양생술과 한의학의 결합의 결과로 앞의 책에서 언급한 도인 기공술이 수나라 소원방(巢元方)이 편찬한『제병원후론(諸病源候論)』에 인용되고 있다.

중국의 전통의학과 수련 양생술이 결합된 동공에는 장삼봉(張三丰)의 무당권(武當拳), 내가권(內家拳), 용호공(龍虎功), 태극권(太極拳), 팔괘장(八卦掌), 형의권(形意拳) 등이 있다.

3) 기공(氣功)

정공(靜功)이 주로 마음의 고요함과 안정이라면, 동공(動功)은 신체의 움직임에 초점이 맞추어져 있다. 기공은 정공과 동공을 겸하면서 기(氣: 호흡)에 핵심을 두는 수련이다.『회남자』「제속훈(齊俗訓)」에서

---

179) 이를 마주 두드리는 동작. 필자 주.

무릇 왕교와 적송자는 들이쉬고 내쉬며 묵은 숨을 토해 내고
새 숨을 들이는 호흡법을 수행하여, 육신을 잊고 지식을 제
거하였으며 소박함을 끌어안고 참된 도로 돌아갔다.[180]

라고 하여, 왕교와 적송자가 최초의 기공실천가가 된다. 기공이
란 용어를 최초로 사용한 용례는 수당 도교 문헌인 『태청조기
경(太淸調氣經)』이다. 여기서 '기공(氣功)'이라는 용어를 사용하였다.

틈이 나서 기공을 할 때는 사람이 없는 고요한 방에 들어가 의
관을 벗고, 이불을 덮고 몸을 바로 한 체 천장을 바라보고 눕
는다. 다리와 손은 모두 곧게 펴되 억지로 힘을 주지 말고, 깨
끗한 자리에 머리를 대고 머리카락은 뒤엉키지 않게 빗질을
하여 가지런하게 한다. 이렇게 하면 곧 기가 고르게 된다.[181]

도교기공은 중국 고대의 원기론(元氣論)에 근거한다. 고대인들
의 사고관념은 기가 우주를 구성하는 가장 기본적 물질이고 우
주의 모든 사물의 운동변화를 주관하는 것으로 여겼다. 『장자』
「지북유(知北游)」에서 "사람이 태어나는 것은 기가 모이기 때문
이다. 기가 모이면 태어나고 흩어지면 죽는다. …… 그러므로 온
천하는 하나의 기일 따름이다."[182]라고 하였다. 기가 생명활동
에 관여한다는 인식이다. 『난경(難經)』「제팔난(第8難)」에서 "기
는 사람의 뿌리이다. 뿌리가 끊어지면 줄기와 잎이 시든다."[183]

---

180) 今夫王喬赤誦子, 吹呴呼吸, 吐故納新, 遣形去智, 抱素反眞.

181) 服氣功餘暇, 取靜室無人處, 散發脫衣, 覆被, 正身仰臥, 脚及手幷須展, 勿握固, 淨席頭邊垂 下
著也, 其發梳通理, 令散垂席上, 卽調氣.

182) 人之生也, 氣之聚散, 聚則爲生, 散則爲死. …… 故曰通天下一氣耳.

183) 氣者, 人之根本也. 根絕則莖葉枯矣.

는 내용은 생명은 기의 운동변화를 의미한다. 『태평경(太平經)』에서 "무릇 사물은 원기로부터 시작한다",184) "무릇 기는 천지만물의 생명을 관통하는 것이고, 천지는 곧 기로 만물의 생명을 변화시킨다"185)고 원기의 역할을 말하였다. 그래서 "사람이 기를 지니면 신이 존재하고, 기가 끊어지면 신이 사라진다"186)거나 "기를 잃으면 죽고, 기를 지니면 산다"187)라고 하였다.

도교양생가들은 진한시대에 유행한 원기설을 흡수하여, 천지만물이 모두 원기로부터 발생되고 만들어진 것이라고 생각하였다. 『태평경(太平經)』에서는 "무릇 사물은 원기로부터 시작한다",188) 또 "무릇 기는 천지만물의 생명을 관통하는 것이고, 천지는 곧 기로 만물의 생명을 변화시킨다",189) "사람이 기를 지니면 신(神)이 존재하고, 기가 끊어지면 신이 사라진다",190) "기를 잃으면 죽고, 기를 지니면 산다"191)라고 하였다. 갈홍(葛洪)도 원기를 양생의 근본으로 보고 "사람은 기 속에 있고, 기는 사람 속에 있다. 천지로부터 만물에 이르기까지 기를 필요로 하지 않고 살아가는 것은 없다"192)라고 하였다. 이 모두는 원기설의 중

---

184) 夫物, 始於元氣.
185) 夫氣者, 所以通天地萬物之明也 ; 天地者, 乃以氣風化萬物之明也.
186) 人有炁卽有神, 炁絶卽神亡.
187) 失氣則死, 有氣則生.
188) 夫物, 始於元氣.
189) 夫氣者, 所以通天地萬物之命也 ; 天地者, 乃以氣風化萬物之命也.
190) 人有氣卽有神, 氣節卽神亡.
191) 生氣則死, 有氣則生.
192) 人在氣中, 氣在人中, 自天地至於萬物, 無不須氣以生者也.

요성을 일깨워 주는 말들이다.

4) 방중(房中)

『한서(漢書)』「예문지(藝文志)」의 기록에서 방중가는 여덟이고 모두 186권의 저작이 있다고 한다. 방중술에 대하여

> 방중이란 성정(性情)의 지극함이고 지극한 도의 영역이다. 그러므로 성인은 외적인 즐거움을 제어함으로써 내면의 감정을 통제하였고, 이를 위해 적절한 법칙을 만들었다. 전(傳)에서 말하기를 "선왕께서 음악을 지은 것은 온갖 일들을 조절하기 위한 것이었다. 즐거우면서도 절도가 있으면 마음이 편안하고 조화로워서 장수하게 된다. 그러나 미혹에 빠진 사람은 자신을 돌아보지 못하니 그 결과로 질병이 생기고 성명(性命)이 손상된다."라고 하였다.[193]

라고 하여 방중은 도의 영역이므로 즐거우면서도 절도 있는 감정의 조절이 장생의 방법임을 제시하였다. 도가에서는 성(性)에 대해 도를 깨닫고 신선이 되는 중요한 수련방법으로 여기고 있다. 양생을 중시하고 생육의 도를 중시하는 도가에서는 방중술의 중요성을 일깨워 정과 기를 보존하는 방법으로 삼기도 하였다. 이에는 지켜야 할 생활과 피해야 할 행동들이 있다. 이를 살펴보면 『소녀경(素女經)』에서 "천지에는 열리고 닫힘이 있고, 음양은 베풀고 변화함이 있다. 사람은 음양을 본받고 사계절을 따

---

193) 房中者, 性情之極, 至道之際. 是以聖人制外樂以禁內情, 而爲之節文. 傳曰: 先王之作樂, 所以節百事也. 樂而有節, 則和平壽老; 及迷者弗顧, 以生疾而損性命.

라야 한다. 지금 욕정이 있는데 교접하지 않으면 신기(神氣)는 펴지지 않고 음양은 막히게 될 것이니, 무엇으로 자신을 돕겠는가?"194)라고 하였다. 원나라 이붕비(李鵬飛)의 『삼원연수참찬서(三元延壽參贊書)』 제1권에서 "정(精)이 아직 통하지 않았는데 여자를 가까이하면 몸에 정기가 가득 차지 않는 부분이 생기게 되어, 나중에 증상을 알기 어려운 병이 나타난다." 또 "천계가 막 열리려는데 어린 여자가 남자를 가까이하면, 음기가 일찍 누설되어 천계가 완성되지 못한 채 손상된다."라고 해서 여자 14세에 천계에 이르고 남자는 16세에 천계가 성숙하여 신정(腎精)의 보존을 지적하였다. 방중술에서 정기의 활력을 중시하면서 주의해야 할 것으로 갈홍은 이렇게 말한다.

> 음양 교합의 행위는 절대로 끊어서는 안 된다. 음양이 교류하지 않으면 기운이 막히는 병에 걸리게 된다. 그러므로 홀로 사는 홀아비나 과부는 병이 많고 수명이 손상된다. 오직 욕구에 따라 함부로 교접하면 수명이 손상된다. 오직 적절히 욕구를 절제하는 방법을 얻어야 수명이 손상을 당하지 않는다. 만약 올바른 방중술을 얻지 못한다면 성행위를 통해 몸이 손상되거나, 죽지 않는 사람이 만 명 중 한 명도 채 안 될 것이다.195)

도홍경 또한 음양의 도에 맞도록 주의를 기울이기를 부탁하면서

---

194) 天地有開闔, 陰陽有施化, 人法陰陽, 隨四時. 今欲不交接, 神氣不宣布, 陰陽閉隔, 何以自補?
195) 人復不可都絕陰陽, 陰陽不交, 則坐致壅閼之病, 故有閉怨曠, 多病而不壽也. 任精肆意, 又損年命. 惟有得其節宣之和, 可以不損. 若不得口訣之術, 萬無一人爲之而不以此自價煞者也.

함부로 사정을 하여 정을 낭비하면서도 몸의 손상을 깨닫지 못하는 경우가 많다. 이 때문에 피로가 쌓여 죽게 된다. 천지에는 음양의 작용이 있는데, 이 음양의 작용은 사람에게도 귀한 것이다. 그러므로 음양의 행위를 할 때는 도에 합치되도록 할 뿐 함부로 남용하지 마라.[196]

고 하여 음양의 도에 걸맞은 정기의 활력을 강조하였다. 그리고 성관계의 횟수에 대하여 『소녀경(素女經)』에서 말하기를

20세는 4일에 한 번, 30세는 8일에 한 번, 40세는 16일에 한 번, 50세는 21일에 한 번 사정하는 것이 좋다. 그리고 60세 이상은 더 이상 사정하지 말고 정(精)을 보존해야 하지만, 체력이 아주 뛰어난 사람이라면 한 달에 한 번 사정한다. 기력(氣力)이 남보다 뛰어난 사람도 억지로 참아서는 안 되며, 오랫동안 사정하지 않으면 종기와 악창이 생긴다. 나이 60이 넘어서 몇십 일 동안 교접하지 않더라도 별다른 성욕을 느끼지 못하는 사람은, 정(精)을 닫고 사정하지 않는 것이 좋다.[197]

하여 성생활 지침을 주기도 한다.

도교 방중술의 요점은 천지음양의 조화를 따라 성명(性命)의 참된 모습을 유지하기 위해 음란과 사정을 막는 데에 있다. 오히려 이를 이용하여 환정보뇌(還精補腦)하는 길임을 갈홍은 설파했다.

---

196) 陶弘景, 『養性延命錄』「御女損益編 第6」, 妄施而廢棄, 損不覺多, 故疲勞而命墜. 天地有陰陽, 陰陽入所貴. 貴之合于道, 但當慎無費.

197) 人生二十者, 四日一泄, 年三十者, 八日一泄; 年四十者, 十六日一泄; 年五十者, 二十一日一泄, 年六十者, 卽當閉精, 勿復更泄也; 若體力自相有强盛過人者, 一月一泄. 凡人氣力自相有强盛過人者, 亦不可抑忍; 久而不泄, 致癰疽. 若年過六十, 而有數旬不得交接, 意中平平者, 可閉精勿泄也.

방중술은 10여 종류가 있는데, 이것을 통해 혹 손상된 부분을 보충하기도 하고 여러 병을 치료하기도 하며, 또는 이것에 의해 음기를 취하여 양기에 보태거나 장수하는 법을 찾기도 한다. 그러나 방중술의 핵심은 환정보뇌하는 한 가지 일일 뿐이다.[198)

도교 방중술은 유가와 불가의 반대로 은밀한 것으로 변했고 관련 문헌도 명대(明代)에 거의 사라졌다. 그러나 일본의 경우는 10세기 이후의 의약서에서 이에 대한 매우 중요한 자료들을 보존하고 있다. 그러나 후대의 방중술은 삿된 것으로 취급되어 전진도 계통에서 경시하기도 하였다. 구겸지는 "큰 도는 맑고 빈 것인데 어찌 방술만 행하겠는가."라고 부정적인 입장을 내보였다.

5) 외단(外丹)

외단은 복식(服食: 약물요법)이 발전되어 이루어진 것으로 내면을 수련하는 내수(內修)와 달리 몸을 기르는 외양(外養)에 속한다. 복식은 전국시대부터 시작되었으며 행기(行氣), 방중(房中)과 더불어 당시의 3대 선도(仙道)학파이다. 초기에는 약초를 구하였고, 한 무제 때에는 선단(仙丹)을 만드는 사람이 출현하였다.
도교양생의 도는 기공(氣功)이나 도인(導引) 등에 의존하는 것이고, 다른 한편으로는 복식(服食)에 의존한다. 복식에는 두 가지 종류가 있는데, 하나는 초목과 약석(藥石)을 복용하는 것이고 다

---

198) 葛洪, 『抱朴子內篇』「釋滯」, 房中之法, 十餘家, 或以補救傷損, 或以攻治衆病, 或以采陰益陽, 或以增年延壽, 其大要在於還精補腦之一事耳.

른 하나는 영양식품을 먹는 것이다. 또한 복식과 수련을 서로 배합하여 토고납신(吐故納新)의 수행을 할 때에 각 상황을 살펴 잘못된 것을 없애고 절도에 맞도록 약으로 도와준다. 이른바 약이 3이고 수련이 7(三分用藥, 七分內養)이다. 약이나 복식요법으로 인체 내부의 원기를 보충하고 '수화상제(水火相濟)'[199]나 '생화상수(生化相需)'[200]의 능력을 증가시켜 정력이 충만하고 병이 없는 장수의 목적에 도달하려고 한다.

이른바 외단은 납과 수은 그리고 기타 약물을 배합하여 솥과 화로 속에 집어넣고 제련하여 만든 화합물이다. 이는 점화(點化)와 복식(服食) 두 종류로 분류된다. 처음 제련하여 만들어진 것을 단두(丹頭)라고 하여 점화에만 사용하는 것으로 먹을 수 없다. 한 걸음 더 나아가 먹어야 하는 단약을 금단(金丹)이라 하고, 『포박자』「금단」에서는 이렇게 말한다. 금단을 얻으면 장수한다는 것이다.

> 무릇 오곡도 사람을 살릴 수 있으니, 사람이 곡식을 먹으면 살고 끊으면 죽는다. 하물며 최상의 신비한 약은 오곡보다 만 배나 도움이 되지 않겠는가? 무릇 금단은 오랫동안 제련하면 할수록 변화가 더욱 오묘해진다. 황금은 불에 넣어 백 번을 태워도 없어지지 않고, 땅에 묻더라고 하늘이 끝날 때까지 썩지 않는다. 이 두 가지를 먹으면 사람의 신체를 단련하기 때문에 늙지도 죽지도 않게 된다. 이것은 대개 외부 사물의 힘을 빌려서 강하게 하는 것이다.[201]

---

199) 수화상제(水火相濟)란 신장을 수(水), 심장은 화(火)로 보고 상호 작용하고 제약하여 생리적 평형을 유지하는 것을 말한다. 이와 반대되는 상황을 수화부재(水火不濟)라고 한다.

200) 장부(藏腑) 상호 간에 상생하고 상화하는 작용이 서로 도움이 되어 활발해지는 것을 말함.

외단술은 양한(兩漢) 시대에 처음 나타났고, 그 방법은 한 무제 때의 이소군(李少君)에게서 처음 보인다. 갈홍의 『신선전』을 참조하면 이소군이 안기생(安期生)에게서 외단을 제련하는 방법을 배웠다고 한다. 『한서』「회남왕전(淮南王傳)」에서 유안(柳安)이 "빈객과 방사 수천 명을 모아서 『내서(內書)』21편과 『외서(外書)』를 지었다. 또 『중편(中篇)』 8권이 있었는데 신선술과 황백술(黃白術)에 관해 20여만 자의 글이 있다."[202]고 하였다. 동한(東漢)의 위백양(魏伯陽)이 단경왕(丹經王)이라 불리는 『참동계(參同契)』를 지었는데 외단술은 도교 내의 중요한 수련법이 되었다. 그 내용은 「주역」의 도와 연단의 법과 노자의 대도가 하나로 귀결되는 철리를 밝혀 놓은 것으로 단학의 최고 경전이다.

외단술이 발전함에 따라 외단을 복용하는 사람이 날로 많아졌다. 그들은 금속과 광물의 성질이 인체와 근본적으로 다르고 유해하다는 사실을 몰랐다. 수은이나 비상(砒霜)과 같은 성분이 포함된 물질을 복용하고 죽는 사람이 생겼다. 청나라 조익(趙翼)의 『이십이사차기(二十二史箚記)』 19권에 쓰인 「당제제다이단약(唐諸帝多餌丹藥)」에 의하면 당나라 태종(太宗), 헌종(憲宗), 목종(穆宗), 경종(敬宗), 무종(武宗), 선종(宣宗)이 모두 단약을 먹고 죽었다. 당시 많은 대신들도 단약을 먹고 죽었는데도 온 나라가

---

201) 夫五穀猶能活人, 人得之則生, 絶之則死, 又況於上品之神藥, 其益人豈不萬倍於五穀也? 夫金丹之爲物, 燒之愈久, 變化愈妙. 黃金入火, 百鍊不肖, 埋之, 畢天不朽.. 服此二物, 鍊人身體, 故能令人不老不死. 此盖假求於外物以自堅固.

202) 招致賓客方術之士數千人, 作爲 『內書』 二十一編, 『外書』 甚衆. 又有 『中篇』 八卷, 言神仙黃白之術. 亦二十餘萬言.

외단을 만들었지만 모두 실패하였다고 했다.

〈그림 5〉 연단로

6) 내단(內丹)

외단술의 몰락은 내단술의 발전을 가져왔다. 수(隨) 대에 소원
랑(蘇元郞)이 『지도편(旨道編)』을 저술하여 내단학설이 세워지게
된다. 당말 오대에 최희범(崔希範), 종리권(鐘離權), 여동빈(呂洞
賓), 진단(陳摶) 등이 있고, 송대에는 장백단(張伯端)을 거쳐 백옥
섬(白玉蟾)이 남종파가 되었고 금원교체기에 전진도의 왕중양(王
重陽)이 북종파를 만들었다. 이후 명·청대를 거쳐 널리 전파되

고 유행하였다.

내단이란 인체 내의 정(精), 기(氣), 신(神)을 합쳐 만든 결합물인 금단(金丹)이라고 원(元)의 진치허(陳致虛)는 설명했다. 금단은 진성(眞性), 진일(眞一), 현일(玄一)이라 불리기도 한다. 내단가들은 단을 해와 달, 음양, 심성(心性), 신기(神氣)로 비유한다. 정기를 단련해 기로 변화시키고 기를 단련하여 신으로 변화시키며 신을 단련하여 텅 빔(虛)으로 환원시킴으로써 천지와 합일이 되는 것으로 여겼다. 도교 양생가들은 정공, 동공, 기공, 방중, 복식 등의 여러 수련법들을 종합하여 내단으로 발전시키게 된다. 『정통도장』950책에 『상동심단경결(上洞心丹經訣)』에서 행기와 태식을 내단의 핵심으로 본다. 이 책의 내용에 '수내단법비결(修內丹法秘訣)'이 있는데 그 수련법은 정좌하고 행기하여 정기를 움직여서 삼관(三關: 미려, 협척, 옥침)을 통과해 뇌로 들어가게 하는 것이다.

인체의 일부 부위를 '화로'와 '솥'에 비유하고 정기신을 세 가지 보배로 여긴다. '신'을 화후(火候: 불의 강약)로 삼고 정기를 약물(藥物)로 하여 신으로 정을 제련하고 신으로 기를 부린다. 오행을 오장에 배속하여 심장을 화로 하여 리괘(離卦: ☲), 신장은 수(水)로 보아 감괘(坎卦: ☵)로 보고 순수한 양기로 된 건괘(☰)를 만드는 것이다.

단전을 상중하로 나누는데, 상단전은 정수리 부위에 있는데 이를 니환궁(泥丸宮: 乾宮)이라 부른다. 연정화기(練精化氣)할 때 환정보뇌(還精補腦)하는 곳이고 연기화신(練氣化神)할 때 양신(陽

神)이 상승하는 지점이다. 중단전은 배꼽 위에 있으며 조기혈(祖氣穴)로 원기를 저장하는 곳이다. 하단전은 그냥 단전이라고 부르는데 보통 『단경』들이 배꼽 아래 1치 3푼 되는 곳에 위치하는 것으로 보며 충맥(衝脈)과 대맥(帶脈)이 교차하는 지점으로 배꼽과 평행되게 밭 전(田) 자를 형성한다. 그래서 단전이라고 하며 인체의 생명과 관계되는 씨를 낳는 근원으로 보기도 한다. 여기서 음양이 만나거나 장부의 근본이 되는 자리이므로 하단전의 단련을 매우 중시하였다.

내단수련 과정은 일반적으로 축기(築氣), 연정화기(煉精氣), 연기화신(煉氣化神), 연신환허(煉神還虛)의 네 단계로 나누어진다. 수련의 과정에서 단전은 '솥'과 '화로'로 비유하여 솥은 니환궁에 있고 화로는 하단전에 있다. 원정(元精)과 원신(元神)을 채취하여 약을 만들어 독맥을 따라 위로 올라가 정수리에 도달하고 다시 임맥을 타고 아래로 내려와 하단전으로 들어간다. 이는 연정화기단계로 상단전과 하단전의 작용으로 이를 '대정로(大鼎爐)'라고 부른다. 연기화신 단계에서는 '소정로(小鼎爐)'를 사용하는데 중단전인 황정(黃庭)을 솥으로 삼고 아래 하단전을 화로로 삼는다. 두 혈 사이가 하나로 합쳐져 서려 있는 원기에 맡기고 신(神)을 고요히 기다리면 되는데 이를 대주천이라 하고 대정로를 소주천이라고 부른다. 『성명규지』에서는 이렇게 말했다.

무릇 금즙으로 된 큰 단을 빚으려면 반드시 먼저 화로를 안정되게 하고 솥을 세워 놓아야 한다. 솥은 금도 아니요 쇠도 아닌 것으로 된 기구요, 화로는 옥도 아니요 돌도 아닌 것으로 된 기구이다. 황정은 솥이고 기가 들어 있는 구멍은 화로이다. 황정은 기가 들어 있는 구멍의 바로 위에 있고 가는 실 같은 경락들이 서로 이어져 있어서 우리 몸의 모든 맥이 모여드는 곳이다. 『주역』 「상전」의 정(鼎)괘에서 "…… 놓는 자리를 바르게 함으로써 생명을 엉겨 모이게 한다."라고 하는 것이 바로 이곳이다. 이러한 관계를 설명하는 경우를 작은 솥과 화로라고 한다. 건괘의 자리가 솥이 되고 곤괘의 자리가 화로로 되면 솥 속에는 수은의 음함, 곧 불용(火龍)이라는 본성의 뿌리가 있게 되고, 화로 안에는 옥 꽃술의 양함, 곧 물범(水虎)이라는 생명의 꼭지가 있게 된다. 범은 아래에 있어서 불을 피어나게 하는 핵심기틀이 되고, 용은 위에 살아서 구름을 몰고 오는 바람과 물결을 일으킨다. 만약 화로 안에서 양이 올라가고 음이 내려오는 것이 잘못되지 않으면, 솥 속에서 하늘의 얼과 땅의 넋이 서로 그리는 심정으로 머무르고, 푸른 용과 흰 범이 서로 껴안으며, 옥토끼와 금까마귀가 서로 품게 되어 불의 운행 상태가 잘 고르게 되고 지극한 보물을 불려서 이루게 된다. 그러므로 청하자께서는 "솥이요, 솥이요" 하는데 금으로 만든 솥이 아니고, "화로요, 화로요" 하는데 옥으로 만든 화로가 아니다. 불은 배꼽 아래에서 피어나고 물은 정수리 가운데를 향하여 쏟아진다. 세 성씨(천지인)가 이미 모여서 합하게 되면 두 물건(푸른 용과 흰 범, 옥토끼와 금까마귀, 얼과 넋)이 절로 껴안게 되고 단단하게 이루어져서 진리의 태(胎)가 새어 나가지 않게 되는데, 그 변화는 "눈 깜짝할 사이에 일어난다."고 말하였다.

7) 부록(符籙)

부(符)는 구불구불한 그림이고 록(籙)은 천상계의 관직과 관리의 이름이다. 『도장』에는 하도(河圖)와 낙서(洛書) 같은 부호도 있고, 한(漢)나라의 도장에 사용되는 전서(篆書), 구름이 피어오

르는 모양 같은 것 등의 세 가지 형태로 복잡하게 그려 놓아 일
반인은 이해하기 어렵다. 『포박자』「하람(蝦覽)」에서 "부록은 노
자에게서 나왔으며 모두 하늘의 글자이다. 노자는 신명에 통했
는데 부록은 모두 신명에서 받은 것이다."[203)라고 하였다.

도교의 주문(祝文)과 부록은 모두 동한시대에서 시작하였다.
둘 사이는 긴밀한 관계가 있어 부록을 그릴 때는 주문을 외워야
하고 부록을 사용할 때도 주문이 필요하다. 주문은 기도할 때나
병을 치료할 때 효력이 발생하는 말이고, 보통 수련을 할 때에
정신을 편안하게 하고 마음을 맑게 하는 구결을 한다.

『포박자』「지리(旨理)」에서 말하기를 "오월(吳越)지방에는 금
주법이 있는데 매우 효과가 좋고 기운이 강하다. 이 금주법을
아는 사람은 큰 전염병이 도는 곳에 들어가서 환자와 같이 자더
라도 병이 전염되지 않는다."[204)라고 하였다.

도교의 부록파(符籙波)에서 부적이나 주문을 써서 병을 치료
할 때 어떤 증상에는 효험이 나타나는데 이는 정신요법과 비슷
하다고 한다.

8) 경전(經典)

이 밖에 경건하게 예배하고 경전을 외우며 계율을 엄격하게
지키는 공부가 있다. 덕을 쌓아 인의와 도덕을 실천하고 대중을

---

203) 符出於老君, 皆天文也.. 老君能通於神明, 符皆神明所受.

204) 吳越有禁咒之法, 甚有明驗, 多氣耳. 知之者可以入大疫之卹, 與病人同床而己不染.

구제하는 것을 행(行)이라고 한다.

6. 몸 수련의 원리

도가에서의 몸이란 신이 깃들기 위한 집이라고 여겨 몸을 채우는 오장(五臟)이 중시되었다. 오장에 깃들어 있는 오장신이 오장을 원활하게 운용하고 조화를 이루어 결과적으로 장생하는 것을 목표로 삼았다. 몸에는 선천일기인 원정이 있다. 원정을 단련하여 기로 변화하고, 기는 신으로 변화하여 다시 신이 정으로 돌아가는 이상적인 상태를 유지하기 위해 정기신 삼보가 중요시되었다. 정기신으로 주천(周天)[205]하기 위한 이론의 틀은 두가지이다. 전자는 주역과 노자의 설로 진원일기를 분화하고 합하는 음양을 역행시켜 도를 거꾸로 돌리는 방법이고, 후자는 《태극도》를 가지고 설명하였는데 음양오행으로 삼관(三關)[206]을 운행하는 연신환허(煉神環虛)의 방법을 들 수 있다.

1) 형(形)과 신(神)

형신이란 몸과 마음의 문제이다. 몸의 중요성을 일깨워 주는 도교내단가들이 주장하는 형신통일은 몸학의 기본이념과 일맥

---

205) 천체(天體)가 각기의 궤도를 따라 한 바퀴 도는 것에 비유하여 임맥과 독맥을 따라 기가 순환하는 것을 말함.
206) 상단전, 중단전, 하단전을 말함.

상통한다. 몸학에서와 마찬가지로 정신을 주로 수련하면 몸은 부차적으로 따라올 것이라는 사상체계와는 배치된다. 물론 데카르트의 이분법적인 관점으로 몸을 대상화하지 않는 심신일여는 동양사상에서 일관된 사상이다. 그리고 형과 신을 같은 비중으로 여겨 형의 중요성이 설파되었다. 형이 있음으로써 신이 존재하며 신은 형의 바탕 위에서 존재한다는 것을 분명히 하였다. 형과 신이 통일되게 존재해야 명(命)이 생겨난다고 보았다.

정신의 출발점을 정기로 보았던 『관자』는 "정신은 하늘로부터 오고 몸은 땅의 기로 구성된다."고 보았다.

> 무릇 사람이 태어날 때 하늘은 정(精)을 내고 땅은 형(形)을 내어 이 둘이 합하여 사람이 된다.[207]

「심술하」에서 "기로 몸을 채우는 것",[208] "일기(一氣) 중 변할 수 있는 것은 정(精)[209]이라고 하면서 정은 기의 정미한 것이라고 보았다. 그런데 「내업」에서 정신작용은 정기로 말미암는다고 했으나 정과 기가 모두 땅에서 오는 모순이 있다. 이런 모순을 『태평경』에서는 기가 정을 낳고 정은 신을 낳는 연결 관계를 만들어 기, 정, 신의 관련성을 해결하였다.

> 사람은 본래 혼돈의 기로부터 생겨났으니 기는 정을 낳고,

---

207) 『管子』: 凡人之生也 天出其精 地出其形 合此而爲人.

208) 氣者, 身之充也.

209) 一氣能變曰精.

정은 신을 낳으며, 신은 명을 낳는다.[210)]

또 『순자』「천론」에서 정신이 몸에 의존하는 관계를 "몸이 갖추어지면 신이 생긴다."[211)]고 하여 형신을 통일적으로 바라보라고 하였다. 심신상관은 『회남자』에서도 말해지고 있다.

모름지기 몸(형상)이란 한서조습으로 상하노니 죽음에 이르면 정신은 말짱해진다. 희로사려의 고통은 신을 망가뜨리나, 신이 다 되어도 모양은 남는다. 이는 풀어놓은 말의 죽음과 같고 상처로 헐벗은 미친개의 죽음처럼 적당히 죽음에 이르러 그 매력은 멀리 가고, 때가 다 되어 형신을 모두 마치게 된다.[212)]

정신활동의 변화에 따라 오장과 오정(칠정)에 영향을 미치며 그에 따라 병리현상이 발생한다고 상세하게 설명되고 있다. 오장 중에서도 심(心)이 전체 오장을 통제하고 간여하는 것으로 보는 것은 "심이 상하면 신이 떠나므로 사람이 살 수 없게 된다." 고 하여 마음이라는 의미로 보지 않고 신(神)이라고 보았다. 『회남자』에서 신이 형에 영향을 끼치는 것으로 보고 군주처럼 여겼다.

그러므로 신을 주인으로 삼고 몸이 그에 따르게 하면 이롭

---

210) 『太平經』: 夫人生混沌之氣 氣生精 精生神 神生命.

211) 形具而神生.

212) 『淮南子』「俶眞訓」: 是故形傷乎寒暑燥濕之虐者, 形死而神壯, 神傷乎喜怒思慮之患者, 神盡而形有餘, 故罷馬之死也, 剝之若橋, 狡狗之死也, 割之猶猶濃, 是故傷死者, 其鬼嬈 時皆不得形神俱沒也.

다. 몸으로써 제어하게 해서 신이 따르면 해롭다.213)

신을 품고 고요하면 형이 저절로 바르게 될 것이다.214)

무릇 마음은 오장의 주인이니 사지를 통제하고 혈기를 운행
시켜 시비를 분별하고 온갖 일에 관여하는 원천이 된다.215)

『황제내경』에서 "신(神)을 얻는 자는 번성하고, 신(神)을 잃은
자는 망한다."216)고 보았다. 또 생사를 결정하는 신(神)은 오장에
있고217) 혈기는 사람의 신(神)이니 삼가 기르지 않을 수 없다218)
고 보았다. 그리고 혈기 자체가 신(神)이라고 『내경』은 말하고
있다. 『순자』「천론(天論)」에서 정신이 형체에 의존하는 관계를
긍정하여 "형체가 갖추어지면 정신이 생겨난다(形具而神生)."고
보았다. 그리고 환담(桓譚, B.C. 24－56)은 촛불의 비유를 들어
형신을 설명하였다. 그는 "정신이 형체에 깃들어 있는 것은 불
이 초에 붙어서 타는 것과 같다. 기가 다하여 죽는 것은 초와 불
이 모두 타 버린 것과 같다."219)고 하여 정신과 형체는 떨어질
수 없는 관계라고 지적하였다. 환담의 학설을 이어받은 왕충은
환담의 학설을 발전시켜 형신의 의존관계를 혈맥과 정기로 설

---

213) 『淮南子』「原道訓」: 故以神爲主者, 形從而利, 以形爲制者, 神從而害.

214) 『淮南子』「詮言訓」: 抱神以靜, 形將自靜.

215) 『淮南子』「原道訓」: 夫心者, 五臟之主也, 所以制使四肢, 流行血氣馳騁于是非之境, 而出入于
百事之門戶者也.

216) 『素問』「移精變氣」: 得神者昌, 失神者亡.

217) 『靈樞』「衛氣」: 五臟者, 所以臟精神魂魄者也.

218) 『素問』「八正神明論」: 故養神者, 必知形之肥瘦, 榮衛血氣之盛衰. 血氣者, 人之神, 不可不謹養.

219) 桓譚, 『新論』「譴非」: 精神居形體, 猶火之然燭矣, 氣索而死, 如火燭之俱盡矣.

명했다.

> 사람이 사는 것은 정기 때문이니, 죽으면 정기는 없어진다. 정기가 될 수 있는 것은 혈맥이다. 사람이 죽으면 혈맥이 고갈되고, 혈맥이 고갈되면 정기는 없어진다.[220]

형과 신에 대해 『내경』에서는 형이란 눈에 보이는 것이고 신은 눈에 보이지 않는 것이어서 자신만이 볼 수 있다고 말했다.

> 무엇을 형이라 하고 무엇을 신이라 합니까? 원컨대 다 듣고 싶습니다. 기백이 말하기를 형에 대해 말씀드리면 형은 밖으로 드러난 형체를 말합니다. 눈에는 막막하나 그 병든 곳을 물어 그 경맥을 찾으면 눈앞에서 명료해지다가 그것을 다시 살펴보면 얻을 수 없어 그 상태를 알 수 없으니 그래서 형이라고 합니다. 황제가 말하기를 무엇을 신이라 합니까? 기백이 말하기를 신에 대해 말씀드리면 신은 현묘한 기운으로서 귀에는 들리지 않으나 눈이 밝아져 마음이 열리면 의지가 앞서 나가 명료하게 홀로 깨닫습니다. 입으로는 말할 수 없고 모두 함께 보이지 않지만 나만이 홀로 볼 수 있고 마주치면 잠시 어두침침하지만 곧 환하게 홀로 밝아지고, 마치 바람이 불어 구름이 움직이는 것 같아서 신이라 합니다.[221]

형과 신과의 관계는 같은 기(氣)에서 출발되었음을 전제로 한다. 『소문(素問)』「육미지대론(六微旨大論)」은 기(氣)가 합하여 형(形)

---

220) 왕충, 『論衡』「論死」: 人之所以生者, 精氣也; 死而精氣滅, 能爲精氣者, 血脈也; 人死血脈竭, 竭而精氣滅.

221) 『素問』「八正神明論」: 何謂形, 何謂神, 願卒聞之. 歧伯曰 請言形, 形乎形, 目冥冥, 問其所病, 索之於經, 慧然在前, 按之不得, 不知其情, 故曰形. 帝曰 何謂神? 歧伯曰 請言神, 神乎神, 耳不聞, 目明心開, 而志先, 慧然獨悟, 口弗能言, 俱視獨見, 適若昏, 昭然獨明, 若風吹雲, 故曰神.

이 되는 것이고(氣合而有形), 『영추(靈樞)』「소침해(小鍼解)」에서는 정신인 '신'도 '기'라고(神者, 正氣也) 말했다. 같은 기(氣)에서 출발한 형신을 통일적으로 바라보는 것이 『내경』의 양생론적 특징으로 보인다. 『포박자』는 몸이 정신의 기초가 됨을 말했고, 기(氣)는 생명과 관계되니 기(氣)를 보존하라고 말했다.

> 형체는 정신의 집이다. …… 형이 피곤하면 신이 흩어지고, 기가 고갈되면 생명이 끝난다.[222]

한편, 남북조의 범진은 정신과 형체의 체(體)와 용(用)에 대하여 말했다.

> 형체는 정신의 바탕이고 정신은 형체의 작용이다.[223]

이처럼 바탕(質)과 작용(用)으로 구분하는 형신사상을 이끌어 칼날과 칼의 날카로움의 비유로 형신 문제가 표현되었다.

> 정신과 바탕의 관계는 '칼의 날카로움'과 '칼날'의 관계와 같으며, 몸과 작용에 대한 관계는 '칼날'이 '날카로움'에 대한 관계와 같다. '날카로움'은 '칼날'이 아니고 '칼날'은 '날카로움'이 아니다. 그러나 '날카로움'을 버리면 '칼날'이 없고, '칼날'을 버리면 '날카로움'이 없다. '칼날'이 없는데도 '날카로움'이 존재한다는 말은 듣지 못했는데, 어찌 몸이 사라졌는데도 정신이 존재할 수 있겠는가?[224]

---

222) 『抱朴子』: 形者神之宅也 …… 身勞則神散, 氣竭則命終.
223) 『神滅論』: 形者 神之質, 神者 形之用.

그는 도교의 천사도(天師道)²²⁵⁾ 출신으로 도교학설의 영향을 받아 천기(天氣)는 원기(元氣)에서 받는다고 했다.

> 무릇 신을 섬기는 사람은 모두 천기에서 신을 받고, 천기는 그것을 원기에서 받는다. 신은 기를 타고 다닌다. 그러므로 사람에게 기가 있으면 신이 있고 신이 있으면 기가 있으며, 신이 떠나면 기가 끊어지고 기가 끊어지면 신도 사라진다. 그러므로 신이 없어도 죽고, 기가 없어도 죽는다.²²⁶⁾

정신은 천기에서 받고 천기는 원기에서 받는다는 원기론을 말해 신과 기가 서로 의존하며 분리될 수 없는 것이라고 언급되었다. 몸이 있어야 정신이 있으므로 정신이 독립적으로 존재할 수 없다는 사실을 말한 것이다.

『태평경』에서는 수일(守一)로 몸과 마음을 닦는 기준이 마련되어 형과 신이 합일되도록 하였다(이원국 지음, 29-32).

> 사람들은 항상 정신이 흩어져 몸에 모이지 않음을 걱정하면서도 오히려 생각 따라 정신을 이리저리 떠돌게 한다. 그러므로 성인은 수일(守一)을 가르쳐 정신과 몸이 하나가 되게 지키라고 했다. 쉬지 않고 염을 하면 정신이 저절로 오며, 반응하지 않는 것이 없고 온갖 병이 저절로 없어진다. 이것이

---

224) 神之於質, 猶利之於刃; 形之於用, 猶刃之於利. 利之名非刃也, 刃之名非利也. 然而捨利無刃, 捨刃無利. 未聞刃沒而利存, 豈容形亡而神在?

225) 오두미도(五斗米道)라고도 한다. 한대(漢代: B.C. 206~A.D. 220) 말기에 발생하여 조정의 힘을 크게 약화시켰으며, 이후 2000년 동안 중국 전역에서 주기적으로 발생한 민란에 큰 영향을 주었다. 오두미도는 2세기 초에 중국 도교의 창시자이며 초대 교주인 장릉(張陵)이 창시했다. ≪네이버 백과사전≫

226) 『太平經』: 凡事人神者, 皆受之於天氣, 天氣者受之於元氣, 神者乘氣而行. 故人有氣則有神, 有神則有氣, 神去則氣節, 氣亡則神去. 故無身亦死, 無氣亦死.

장수의 비결이다.227)

당말 오대의 두광정은 정기신에 의해 사람이 사는 것임이 강조되었다.

> 몸은 도를 담는 그릇이니 이를 알고 수련하는 사람을 성인(聖人)이라고 부른다. 왜 사람들은 신(神)을 얻고도 이를 지키지 못하고, 기(氣)를 얻고도 이를 모으지 못하며 정(精)을 얻고도 이를 되돌리지 못하는가. 스스로 이들을 내던지고는 어찌 천지가 도와주지 않는가 하면서 원망하는가. …… 항상 형(形)과 신(神)을 생각하고 기르라.228)

몸은 '도를 담는 그릇'에 비유하여 도를 수련하고 정기신을 보존해야 한다고 언급되었다.

2) 성명쌍수(性命雙修)

성명(性命)과 형신(形神)은 서로 통하는 개념이다. 성과 신은 모두 심성, 정신, 의식 등을 가리킨다. 그리고 명과 형은 사람의 생명, 형체를 말한다. 정기신 삼보에서 정과 기는 명에 속하고 신은 성에 속한다고 본다. 성명에 대한 삼교의 해석은 각기 다르고 도교 내에서도 각 파의 관점에 따라 조금씩 다르게 해석된

---

227) 『太平經』: 常患精神離散 不聚於身中, 反令使隨人念而遊行也. 故聖人敎其守一 言當守一身也 念而不休 精神自來, 莫不相應 百病自除 此則長生久視之符也.

228) 『形神可固論』: 信者道之器也, 知之修錬謂之聖人. 奈何人得神而不能守之, 人得氣而不能采之, 人得精而不能反之 己者投逝 何得怨天地而不佑 …… 形之與神 常思養之.

다. 일반적으로 성은 심성, 이성을 가리키고, 또 진성(眞性), 원신(元神), 진의(眞意), 진신(眞神) 등으로 부르며 만물의 시작으로 본다. 그리고 명은 생명, 형체, 원정(元精), 원기(元氣) 등으로 부른다. 심신을 수련하는 것이 성이 되고 정기(精氣)를 수련하는 것이 명이 된다. 원의 구처기(丘處機)는 금단(金丹)[229]을 이루는 방법은 성과 명에 달려 있다고 말했다.

> 금단의 비밀은 하나의 성과 하나의 명에 있을 따름이다. 성은 하늘이니 항상 정수리에 숨어 있고, 명은 땅이니 항상 배꼽에 숨어 있다. 정수리는 성의 뿌리이고, 배꼽은 명의 꼭지이다. 하나의 뿌리와 하나의 꼭지는 천지의 근원이고 시작이다.[230]

성이란 하늘에서 온 것이고 명은 땅에서 온 것이니 천지의 조화가 몸에서 이루어진다는 의미이다(이원국 지음, 34-36).

성과 명을 함께 닦아야 균형 잡힌 완전한 선천진일(先天眞一)의 기를 이루게 된다고 한다. 성과 명을 함께 닦는 순서는 먼저 계정혜(戒定慧)를 지켜서 마음을 비우고, 그런 다음에 정기신을 연마하여 몸을 보존한다는 것이다. 몸이 편안해지면 명이 닦이는 것으로 보았다. 또 마음이 텅 비고 맑으면 성의 근본은 원만해지고 밝아진다고 보았다. 성과 명을 함께 닦는 것은 인생 수양의 최고경지인 천인합인을 이루는 것으로 보았다(이원국 지음, 37). 『노자』 제16장의 「귀근」에서 뿌리로 돌아감은 고요함이

---

229) 신선이 만든다고 하는 장생불사의 영약. 단약(丹藥), 선약(仙藥)이라고도 함.

230) 『大丹直指』券下: 金丹之秘, 在於一性一命而己. 性者, 天也, 常潛於頂; 命者, 地也, 常潛於臍. 頂者, 性根也; 臍者, 命蒂也. 一根, 一蒂, 天地之元也, 祖也.

고 고요함은 '명'이라고 했다.

> 뿌리로 돌아가면 고요함이니, 고요하면 성명231)을 회복한다.232)

동한의 위백양은 종교와 철학은 한쪽으로만 치우치고 학문은
학문을 위한 학문에 그치는 경향이 있어 명은 제외되고 성만 가
르치고 있다고 비판했다(위백양 원저, 1991, 22). 남송의 장백단
도 성과 명은 분리된 것이 아니며, 도교와 불교가 다른 것이 아
니라고 하였다.

> 남송 이전의 도가는 명을 근본으로 하여 명을 상세하게 가르
> 쳤으나 성을 간략하게 말했다. 불교는 성을 근본으로 세운
> 종교여서 성은 자세히 말했으나 명은 간단하게 말했다.233)

『주역』은 인간과 우주는 기의 운행과 밀접한 관계에 있으며
연결된 존재로 보았다. 『주역』은 원래 점치는 책이지만 그 내용
은 전쟁, 제사, 혼인, 생산 등 고대사회의 전 분야가 고르게 반영
되어 있다. 그러나 이 책의 목적은 천성과 천명에 순응하기 위
함이라고 본다.234)

---

231) 하상공주에서 성명은 5회 출현한다. 16장, 27장, 38장, 51장, 60장에서 나오는데, 용례에서 나
  타난 해석으로 본성, 생명, 하늘로부터 부여받은 본바탕으로 볼 수 있다.

232) 『老子』 16장: 歸根曰靜, 靜曰復命.

233) 道家以命宗立敎, 故詳言命而略言性. 釋氏以性宗立敎, 故詳言性而略言命.

234) 『周易』 「說卦傳」

우러러 천체의 현상을 관찰하고 굽혀서 땅의 법칙을 살피며,
새와 짐승의 문체와 땅의 마땅한 바를 살펴 가까이는 몸에서
취하고 멀리는 천지만물에서 처음으로 팔괘를 만드니, 신명
한 덕에 통달하고 만물의 형상을 유추하여 알게 된다.[235]

『주역』을 수련방식에 적용하여 몸의 안팎에 팔괘가 있다는
것은 인체의 성명(性命)을 말하는 것으로 이것이 매우 중시되고
있다. 천지의 도가 음양이기(陰陽二氣)의 조화로 만물을 생성하
는 것과 같이 사람의 형성에도 음양의 조화를 도모하고자 하였다.

한 번은 음하고 한 번은 양한다. 이것을 천지자연의 도라고
한다. 이를 계승한 것이 선이요, 이것을 형성하는 것은 사람
의 본성이다.[236]

즉 음기는 상승하고 양기는 하강하여 음양이 교차하여 만물이
형성되는 것이고 사람의 몸도 이와 같아서 음양이기의 조화를
이루는 것이 인간의 자연스런 본성이라고 보았다.
　『주역』의 이론으로 양생의 근거를 마련한 책이 『주역참동계
(周易參同契)』이다. 이 책에서 밝히는 양생방법은 건곤(乾坤)이 음
양의 근본이고 감리(坎離)는 음양의 성명(性命)이라고 했다. 건곤
감리 4괘를 연단술의 구성요소로 보고, 건곤(乾坤)은 솥이고 감
리(坎離)는 약물이며 나머지 60괘는 화후(火候)[237]에 비유되었다.

---

235) 『周易』 「繫辭下傳」

236) 『周易』 「繫辭上傳」

237) 정신과 기운이 단전에서 합일을 이룰 때 피어나는 열기를 말하는데, 문화(文火)와 무화(武火)로
　　나눈다. 문화란 은근하고 자연스럽게 피어나는 열기를 말하며 무화란 인위적인 조절로 거세게
　　피어나게 된 열기를 말한다. 소주천 시에는 무화를 주로 하며 대주천 시에는 문화를 주로 한다

건곤은 역(易)의 문호이고 나머지 괘의 부모이다. 감리는 성곽이고 바퀴를 굴리는 굴대이다.[238]

암수의 4괘는 풀무가 된다. 음양의 도를 품고 있으니 목수가 먹줄을 사용하여 규격을 바르게 하거나 마부가 고삐를 잡고 앞 수레의 자취를 따르는 것과 같다. 가운데 있으면서 바깥을 제어한다.[239]

건곤은 인체의 솥이며 감리는 인체의 약물이다. 정기가 화로로 들어가는 것은 양기의 하강과 같고 정기가 화로로부터 나오는 것은 음기가 상승하는 것과 같은데, 역리(易理)를 빌려 인체의 정기가 몸 안을 아래위로 흘러 다님에 있어 정해진 곳이 없다고 했다(박문현, 2000, 158).

위백양의 『참동계(參同契)』의 학설을 이어받은 남송의 장백단(張伯端) 내단서인 『오진편(悟眞篇)』에서 도가의 호흡법으로 하늘의 특성인 고요함에 이를 수 있다고 했다.

오직 폐식 하나만이라도 배고픔을 잊고 잡념을 끊을 수 있으니, 불교 소승(小乘)의 좌선법과 어느 정도 비슷하다. 호흡법만 부지런히 실천하고 수행해도 고요한 상태에 들어가 출신(出神)할 수 있다.[240]

소승 선법이 내단파의 5등급인 귀선(鬼仙)[241]에 미치지 못하

고 한다.

238) 『주역참동계』 1장: 乾坤者, 易之門戶, 衆卦之父母, 坎離匡廓, 運轂正軸.

239) 전게서 1장: 牝牡四卦, 以爲橐籥, 覆冒陰陽之道, 猶工御者, 準繩墨, 執衡轡, 正規矩, 隨軌轍, 處中以制外, 在律曆紀.

240) 唯閉息一法, 能忘飢絶慮, 卽與二乘坐禪頗同. 若勤行而之, 可以入定出神.

니 성명을 같이 닦으라고 했다. 내단에서는 정기신(精氣神)을 삼
보(三寶)로 여기는데, 정과 기는 명(命)에 속하고 신(神)은 성(性)
에 속한다고 보았다. 오대의 정양진인(正陽眞人) 종리권(鐘離權)
이 저술하여 순양진인(純陽眞人) 여동빈(呂洞賓)이 전수받은 『영
보필법(靈寶畢法)』의 단법도 명(命)을 닦는 것부터 시작된다고 하
였다.

『성명규지(性命圭旨)』 「원집(元集)」에 해와 달의 운행 이치가
단법으로 설명되고 있다. 단전의 원정(元精)을 해에 비유하고, 마
음의 원성(元性)을 달에 비유하고 있다.[242]

> 서로 만난 이후에 보배로운 육체는 이에 금을 낳게 한다. 달
> 은 해의 기를 받아 초삼일에 일양(一陽)을 낳는데, 단(丹)은
> 솥에 거는 것과 같으니 한 점의 영묘한 빛이 깨우쳐 마음을
> 비추기를 밤낮으로 하면 그달의 8일에 일양(一陽)이 또 생겨
> 나 이양(二陽)이 된다. 이양이 되면 단의 정기가 약간 왕성해
> 지고 원성(原性) 또한 조금 드러난다. 이양이 생겨난 이후 보
> 름에 이르면 순수한 양의 상태인 삼양(三陽)이 된다. 순수한
> 삼양에 이르면 원성이 완전히 드러나서 둥근 보름달이 된다.
> 달이 완전히 둥글게 되고 난 후에 16일이 되면 일음(一陰)이
> 생겨난다. 이때 성은 명으로 돌아가기 시작한다. 일음이 생기
> 고 나서 23일에 이르면 이음(二陰)이 생겨난다. 이때 성은 2/3
> 정도가 명으로 돌아간다. 이음이 생기고 나서 30일에는 완전
> 한 삼음(三陰)이 된다. 완전한 삼음이 되면 모두 명으로 돌아

---

241) 천선(天仙), 신선(神仙), 지선(地仙), 인선(人仙), 귀선(鬼仙).

242) 『性命圭旨』 「元集」: 蓋交會之后, 寶體乃生金也. 月受日氣, 故初三生一陽者, 丹卽居鼎, 覺一
點靈光, 自心常照, 而无晝夜, 一陽生于之八日, 而二陽産矣. 二陽者, 丹之精氣少旺, 而元性又
少現.. 自二陽生之于望, 而三陽純矣. 三陽純者, 是所爲元性盡現而如月之圓也. 月旣圓矣, 十六
而一陰生. 一陰者, 性歸于命之始也. 自一陰生, 至于月之二十三, 而二陰産矣. 二陰者, 乃性歸
又命三之二也. 自二陰生于月之三十日, 而三陰全矣. 三陰全, 乃性盡歸于命也. 方其始也, 以命
而取性; 性全矣. 又以性而安命, 此是性命雙修大機括處.

간다. 처음 시작할 때는 명에 의해 성을 취하고 성이 온전해
지면 또 성에 의해 명을 얻게 된다. 이것이 성명쌍수의 주요
내용이다.

단법으로 단전의 원정과 마음의 원성이 설명되었다.

　도교양생학에서는 '성공'과 '명공'을 성명쌍수의 양대 강령으
로 삼고 있다. 연심(練心), 연성(練性), 연정(練精), 연기(鍊氣), 연신
(鍊神)을 5대 요법(要法)으로 삼고, 청(淸), 허(虛), 정(靜), 정(定)을
4대 구결(口訣)로 삼고 있다.

3) 참장수련의 원리

　『노자』는 형신(形神)으로 마음을 다스리는 수련의 요지를 도
의 개념으로 설명하고 있다. 『노자』는 "하늘의 도는 활을 잡아
당기는 것과 같다. 높은 것은 낮추고 낮은 것은 높여 주며, 남는
것은 덜어 내고 부족한 것은 보태 준다."[243]라고 했다. 이는 도
의 적절한 비유로 도의 조정성(調整性)과 상호 보완성(相互補完
性)을 보여 주고 있다. 이른바 '가장 조화로운 상태'[244]란 사물
이 존재하는 가장 적합하고 훌륭한 상태를 말하는데, 이를 '화
해(和諧)'라고 보았다. 우주 생성의 원리는 음양의 변화로 우주
를 생성시켜 조화(和)를 이루며, 이 화(和)를 만물에 구비되는 기

---

243) 『老子道德經河上公章句』「天道 第77」: 天之道, 猶張弓也. 高者印(抑)之, 下者擧之,; 有餘者
　　損之, 不足者補之.
244) 『老子道德經河上公章句』「玄符 第55」: 和之至也.

본적인 형태로 본 것이다. 만물을 변화 생성시키는 도는 화해(和諧)의 기본적인 성격을 갖추고 있는 셈이다. 후대의 도교는 이 원기도론(元氣道論)을 발전시켜 더 한층 체계화된 수련 이론의 모태로 삼게 되었다.

도가기공에서 고요함으로 들어가는 정적입정(靜寂入定)의 경지가 있다. 노자는 정적입정에 대해 도의 개념으로 설명하였는데 정미한 가운데 신(神)이 있다고 보았다.

> 도라는 것은 있는 듯 없는 듯하다. 없는 듯 있는 듯하지만 그 가운데 어떤 형상(象)이 있고, 있는 듯 없는 듯한 가운데 어떤 사물(物)이 있다. 아득하고 어두울 때 그 가운데 정미(精)한 것이 있다. 그 정미한 것은 매우 진실하고 그 가운데 신(信: 神)이 있다.[245]

『노자』는 입정상태의 오묘한 상태를 황홀하며 있는 듯 없는 듯하고 그 가운데에 정미한 것이 펼쳐지는(神) 기이한 현상을 느끼는 것으로 보았다. 이를 정미한 것이고 신(信)이라고 표현했다. 입정상태에서 오는 어떤 신념(信念)이 느껴지는 직관의 상태를 말하는 것으로 짐작할 수 있다. 이 경지에 다다르기 위해서 거쳐야 할 수련의 단계를 「能爲 제10」에서 영아의 상태에 이르는 것이라고 말했다.

영백을 싣고 일(一)을 감싸 안고서 떨어지지 않게 할 수 있는

---

245) 『老子道德經河上公章句』 「虛心 제21」: 道之物, 唯恍唯惚, 恍阿惚阿, 中有物阿, 窈阿冥阿, 其中有精阿. 其精甚眞, 其中有信.

가? 기를 모아 부드럽게 하여 영아와 같게 할 수 있는가? 현
묘한 거울을 깨끗이 닦아 티끌이 없게 할 수 있는가?[246]

　영아와 같이 티끌이 없는 상태는 기를 닦아 단련한 고요한 상
태를 말한 것으로 보인다. 하상공(河上公)은 영백(營魄)을 혼백(魂
魄)이라고 주석했다. 혼백이란 『회남자·고유 주(高誘 注)』에서
"혼이 양의 신이고 백은 음의 신이다."라고 주석했다. 즉 음과
양이 조화되어 안정되고 통일되기 위해서 등에 음을 업고 가슴
에 양을 품은 충기(冲氣)된 상태에서 조화를 이룬다고 볼 수 있
다. 그리고 "영백을 싣고 일을 감싸 안는다."에서의 포일(抱一)은
음양이 조화된 상태로 본다. 이를 위해서 부드럽게 기를 모아
영아처럼 되어야 한다고 보는 것이다. 기를 모은 상태를 『관자』
「내업」에서 "기를 모아 신과 같게 되면 만물이 구비되고 보존된
다."[247]고 했고, "모든 사물의 정기를 모으면 사물이 생겨나고,
아래로는 오곡을 낳고 하늘 위로는 별이 된다."[248]고 했다. 정이
모여 기가 되고 기가 모여 신이 된다는 정기신론의 원리가 여기
에 적용된다고 본다.
　『노자』는 기공이 도달한 성취 수준에 대해 비록 위험에 처할
지라도 죽지 않으며 영원한 법칙을 안다고 했다.

---

246) 『老子道德經河上公章句』「能爲 제10」, 34쪽: 載營魄抱一, 能無離乎? 搏氣至柔, 能嬰兒乎?
　　滌(修除玄覽(鑒), 能無疵乎?
247) 『管子』「內業」: 搏氣如神, 萬物備存.
248) 『管子』「內業」: 凡物之精, 此則爲生. 下生五穀, 上爲列星.

대개 생명을 잘 다스리는 사람은 육지를 다녀도 코뿔소나 호
랑이를 피하지 않고, 전쟁터에 가서도 갑옷과 무기를 착용하
지 않는다. 코뿔소가 뿔을 받을 곳이 없고, 호랑이가 발톱을
쓸 곳이 없으며, 병장기는 그 칼날을 들이댈 곳이 없다. 왜
그런가? 사지(死地)에 들지 않기 때문이다.[249]

이는 영아의 상태에서 일어날 수 있는 것을 가리키는 것이고,
또한 영아는 지극한 정기를 지니고 있다고 보았다.

두터운 덕을 머금은 사람은 어린아이에 비견될 수 있다. 어
린아이에게는 독충이나 뱀이 해를 끼치지 않고, 사나운 새나
짐승도 공격하지 않는다. 그의 뼈는 약하고 근육은 부드럽지
만 손아귀의 힘은 강하고, 음경의 교합을 아직 모르지만 음경
이 빳빳이 선다. 이는 정기가 지극히 조화롭기 때문이다. 또
어린아이는 종일토록 울어도 목이 쉬지 않는데, 이는 몸이 지
극히 조화롭기 때문이다. 조화를 아는 것을 '영원의 법칙'이
라 하고, 영원한 법칙을 아는 것을 '밝은 지혜'라고 한다.[250]

이러한 노자의 내련 방법과 이론은 귀근복명(歸根復命)을 위한
것이다. '작은 것을 보는 것이 밝다'라고 하고, '부드러움을 지키
는 것이 강하다'라고 본다. 또 "생명의 근원인 명(命)으로 돌아가
그 밝은 빛을 이용하여 환한 밝음으로 되돌아간다."[251]는 것이
귀근복명설의 요지가 된다고 본다.

249) 『老子道德經河上公章句』「歸生 제50」, 192-193쪽: 蓋聞善攝生者, 陸行不避凹虎, 入軍不被
甲兵, 凹无所投其角, 虎无所措其爪., 兵无所用其刃. 夫何故也? 以其无事地焉.

250) 『老子道德經河上公章句』「玄符 제55」, 211-212쪽: 含德之厚, 比於赤子. 蜂蠆蛇虺不螫, 猛
獸不據, 攫鳥不搏, 骨弱筋柔而握固, 未知牝牡之合而作, 精之至也. 終日號而不啞嗄, 和之至也.
知和曰常, 知常曰明.

251) 『老子道德經河上公章句』「養德 제52」, 199쪽: 見小曰明, 守柔曰强, 用其光, 復歸其明.

텅 빔에 이르기를 지극히 하고, 고요함을 지키기를 독실하게
한다. 만물이 아울러 일어나지만, 나는 그것들이 돌아옴을 본
다. 사물이 무성하게 자라지만, 각기 그 근본으로 돌아간다.
근본으로 돌아감을 '고요함'이라 하고, 이것을 생명의 근원으
로 돌아감(복명(復命))이라 한다. 생명의 근원으로 돌아감이
영원한 도이고 명이라고 한다. 영원한 도리를 아는 것을 '밝
음'이라 한다.[252]

만물의 근본은 도이고 사람에게는 생명의 본원이며 기공에서
는 현빈(玄牝), 즉 하단전[253]을 말한다. 귀근복명을 위해 하단전
수련을 중시하라는 의미가 있다고 본다.

이상에서 살펴본 바와 같이 도는 생명의 근원(귀근(歸根))이며
돌아가야 할 곳(복명(復命))으로 보고 있다. 텅 빔과 고요함으로
현빈(玄牝)인 하단전에 정기신을 모아 연정(煉精), 연기(煉氣), 연
신(煉神)의 수련으로 내단[254]이 완성될 수 있다고 보았다.

(1) 노자의 귀근복명(歸根復命)

도교 기공양생가들이 인체를 우주에 비유하여 사용하는 우주
론에는 두 가지 틀이 있다고 보았다. 하나의 틀은 도(道)에서 진
원일기(眞元一氣)가 분화하여 상대적 두 성질인 음양이 되고, 음
양이 합하여 제3의 체(體)를 만들며, 제3의 체가 또 이어서 다양

---

252) 『老子道德經河上公章句』「歸根 제16」, 62 - 63쪽: 至於虛極, 守靜篤, 萬物竝生也. 夫物芸芸,
各復歸其根, 歸根曰靜, 是爲復命. 腹命曰常, 知常曰明.

253) 하단전은 식물로 말하면 열매의 핵심을 담고 있는 씨앗에 비유될 수 있다. 열매는 씨앗을 깊은
부위에 간직하고 있다 그 이유는 몸체가 상하더라도 이를 잘 보전하기 위함이다. 그래야 열매의
근원인 씨앗을 다시 땅으로 돌아가 싹이 트게 할 수 있기 때문이다.

254) 내단이란 인체 내의 정, 기, 신 세 가지가 합쳐진 일종의 결합물이다.

한 만물을 만들어 낸다는 것이다.255) 이것이 순행(順行)인데 원대의 진치허(陳致虛)256)가 해석하기를 내단(內丹)의 도는 만물이 순행하는 도를 거꾸로 돌리는 것이라고 보았다.257)

> 하나는 둘을 낳고, 둘은 셋을 낳으며, 셋은 만물을 낳는다. 그러므로 허(虛)가 변하여 형(形)이 되며, 형은 곧 사람이 된다.258)

만물을 합하여 셋(정기신)이 되게 하고, 셋을 둘(기와 신)이 되게 하며 다시 둘을 하나(신)로 복귀시키고, 하나를 '도'로 돌아가게 하는 것으로 본다. 이를 순역삼관(順逆三關)이라 하여 도를 거꾸로 돌리는 역행을 말한다. 진치허는 금단(金丹)에 대해 신(神)을 편안하게 하여 형을 지키고 길러 정을 단련하고, 정을 단련하여 정을 쌓아 기로 변화시키며 기를 단련하여 다시 신에 합일하고 신을 단련하여 '허'로 돌아가는 것이라고 말했다(이원국 지음, 39-40).

> 만물은 셋을 머금고, 셋은 둘로 돌아가며, 둘은 하나로 돌아간다. 이 도리를 아는 사람은 신(神)을 편안하게 하고 형(形)을 지키며, 형을 기르고 정을 단련하며, 정을 쌓아 기(氣)로 변화시키며, 기를 단련하여 신(神)에 합일하며, 신을 단련하여 허(虛)로 돌아가게 한다. 이렇게 하면 금단(金丹)이 완성된다.259)

---

255) 『老子道德經』의 道生一, 一生二, 二生三, 三生萬物에 근거한다.

256) 號上陽子. 全眞道敎南北宗의 대표적 인물로서 『周易參同契分章註』를 저술함. 丹書에는 믿을 수 없는 것이 많다고 하였고 眞訣을 얻기 위해서는 반드시 ≪참동계≫, ≪悟眞篇≫을 중심으로 해야 한다고 주장하였다.

257) 『도덕경』에서 말하는 '근원으로 돌아가 명을 회복한다(歸根復命)'는 설에 근거한다.

258) 道生一, 一生二, 二生三, 三生萬物. 故虛化神, 氣化精, 精化形, 形乃成人.

또한 『성명규지』「원집(元集)」에서 삼관(三關)이 설명되는데 초관은 연정화기이며 중관은 연기화신이고 상관은 연신환허라고 했다. 돈오법(頓悟法)은 이러한 삼관(三關)을 거쳐 운행하는 단련으로 마지막인 상관(上關)에 들어가 연신환허하는 점수(漸修)의 방법이라고 보았다.

① 초관(初關)은 정을 단련하여 기로 변화시키는 것(煉精化氣)인데, 이때는 반드시 천계(天癸)가 생겨날 때[260] 재빨리 이를 취해야 한다. 채취할 때는 반드시 느긋한 마음으로 화(火)를 끌어당겨서 금(金)을 핍박해야 한다. 이렇게 화가 금을 핍박하면 전도(顚倒)가 이루어져 솥 가운데 대단(大丹)이 저절로 응결된다.

② 중관(中關)은 기를 단련하여 신으로 변화시키는 것(煉氣化神)인데, 화(火)가 강하게 타오를 때를 이용하여 하거(河車)[261]를 움직이면 태현관(太玄關)[262]으로 역류하여 천곡혈(天谷穴)[263]에 이르고 기와 신이 합해진다. 그런 다음 황방(黃房)[264]으로 내려오면 건(乾)과 곤(坤)의 교합이 이루어져 한 점의 정(精)이 황정(黃庭)[265]에 떨어진다.

③ 상관(上關)은 신을 단련하여 허로 돌아가게 하는 것(煉神還虛)인데, 이때는 수일(守一)하고 포원(抱元)하여 신이 비로자나불의 영역에 들어가게 된다.

---

259) 萬物含三, 三歸二, 二歸一. 知此道者, 怡神守形, 養形煉精, 積精化氣, 煉氣合神, 煉神還虛, 金丹乃成.

260) 일양(一陽)이 생겨날 때.

261) 진기(眞氣)의 유통을 물레방아에 비유.

262) 회음부위.

263) 머리부위에 있는 니환궁.

264) 황정.

265) 인체의 중심부에 해당하는 중단전.

또 『노자』 제25장은 제16장의 '뿌리로 돌아감'과 같은 맥락으로 도의 개념은 근원으로 돌아가는 것이라고 언급되었다.

> 어떤 혼돈이 생겨 사물이 생겨나니 천지보다 앞서 생겼다. 그것은 적적하여 소리도 없고 희미해서 모양도 없다. 홀로 서서 변하지 않고, 두루 다녀도 위태롭지 않다. 천하의 어미라 할 수 있으나 그 이름을 알지 못한다. 이름을 '도'라 하지만 억지 이름은 '크다'이다. 커지면 떠나가고, 떠나면 멀어지고, 멀어지면 본래의 근원으로 돌아온다.[266]

이는 마치 식물이 싹이 트고 생장하고 열매를 맺고 낙엽이 지는 이치를 들어 설명할 수 있다고 본다. 열매 안의 씨앗은 다시 생동하는 과정이 되풀이되면 또 열매가 된다. 그 열매는 씨앗을 품어 다시 땅으로 돌아가 새싹을 틀 준비를 한다. 형태만 변할 뿐 근본으로 돌아옴은 항상 영원(常)한 것이다. 씨앗과 열매라는 형태는 변하지만 결국에는 씨앗과 나무 위에 매달린 열매는 같은 속성을 지니고 있다. 서로 멀리 떨어져 있고 형태가 변한 것처럼 보이지만 다시 제자리인 근본(씨앗)으로 되돌아오는 속성을 지니고 있다.

---

266) 『老子』 16장: 有物混成, 先天地生. 寂兮 寥兮, 獨立而不改, 周行而不殆, 可以爲天下母.

(2) 태극도의 음양오행

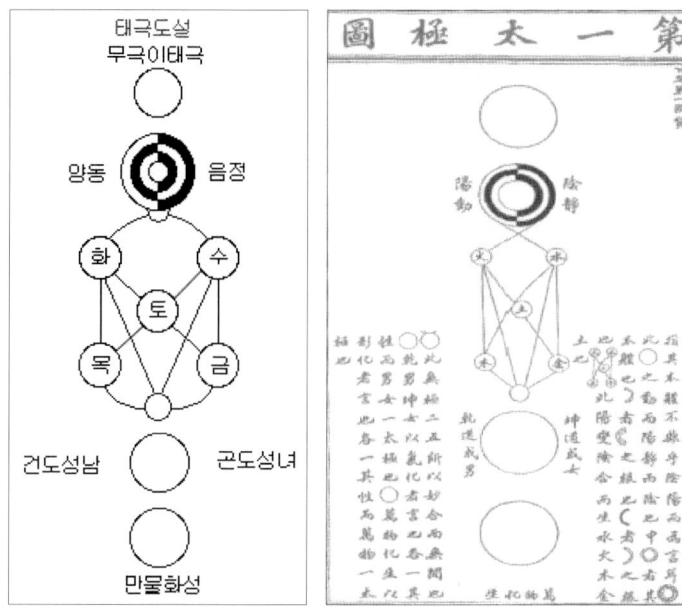

〈그림 6〉 태극도

　　원 이후의 내단가들은 무극태극(無極太極)에서 음양오행으로,
음양오행이 만물화생(萬物化生)하는 우주론을 제시하였다. 이 우
주론은 북송의 진단(陳摶)이 ≪무극도(無極圖)≫를 그려 설명하
였다. "역행하면 단(丹)이 이루어진다."는 이치가 그 핵심이
다.[267] 주돈이(周敦頤)는 이 ≪무극도≫를 전수받아 『태극도설』
을 논술하였는데, 그 내용은 우주의 생성, 인륜의 근원을 논한

---

267) 其圖自下而上, 以明逆則成丹之法.

249글자의 짧은 글이다. ≪태극도≫는 그 오위(五位)의 순서에 따라 무극이태극(無極而太極), 음정양동(陰靜陽動), 오행(五行), 건곤남녀(乾坤男女), 만물화생(萬物化生)의 전개를 나타낸 것이다. 즉 무극(無極)의 진(眞)과 이기오행(二氣五行)의 정(精)과의 묘합(妙合)으로 양인 건남(乾男)과 음인 곤녀(坤女)를 낳고, 건남과 곤녀는 오행을 낳으며, 오행은 만물을 화생하게 한다고 보았다. 순역삼관처럼 아래에서 위로 거슬러 올라가는 복명의 방법은 『태극도설(太極圖說)』에서 설명되었다. 오행은 그 어미의 성질을 각기 지니고 있으므로 만물은 결국 하나의 음양으로, 그리고 음양은 하나의 태극에서 출발하였으므로 만물의 원천인 태극으로 돌아간다는 것이다. 그 뒤 남송(南宋)의 대유(大儒) 주자(朱子)가 그의 정치(精緻)한 해석을 통하여 자신의 철학을 서술하였는데 후세에 주자학(朱子學)의 성전(聖典)으로 여겨지고 있다.

『성명규지』「원집」에도 이런 관점에서 그려진 ≪일오월토도(日烏月兎圖)≫가 보인다. 이는 해 까마귀와 달 토끼를 설명하는 그림이다. 즉 해라는 것은 양이면서 양 속에 음을 품고 있으니 마치 모래 속에 수은이 있는 것과 같다. 해 속에 까마귀가 있고 괘는 남쪽에 속하니 이괘(離卦)인 여자이다. 그래서 해가 이괘의 자리에 오면 여자가 된다. 달이라는 것은 음이면서 양을 품고 있으니 마치 납 속에 은이 있는 것과 같은 모습이다. 음에 양이 있어서 찬 빛을 내는 것이다.

소녀가 까마귀를 잡음으로써 옥토끼를 삼킨다. 해 속의 까마귀는 바로 신이다. 신은 불이고 불은 마음에 속하고 마음은 수

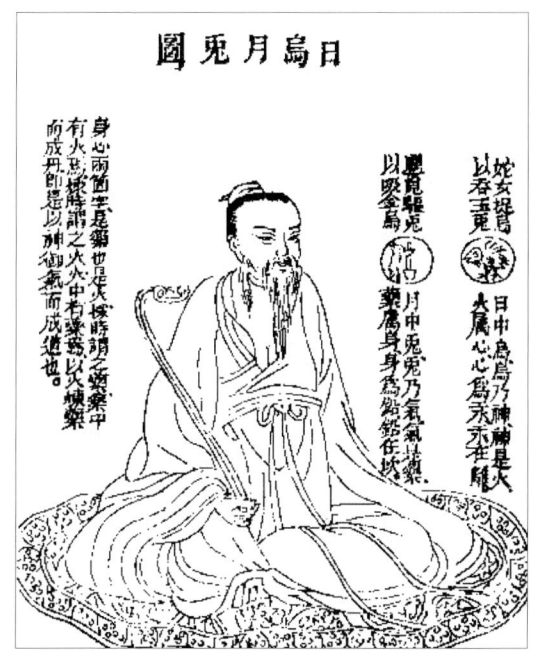

〈그림 7〉 일오월토도(日烏月兎圖)

은인데 수은은 리(離)에 있다. 갓난아이가 토끼를 몰아내고 금
까마귀를 마신다. 달 속의 토끼는 기이고 기는 약이고 약은 몸
에 속하고 몸은 납인데 납은 감(坎)에 있다.

　몸이라는 글자와 마음이라는 글자 둘은 바로 약을 가리키고
또 불을 가리킨다. 캐어 가질 때는 이를 약이라고 하는데 약 속
에는 불이 있는 것과 같다. 또 불일 때는 그것을 불이라고 하는
데 불 속에 약이 있는 것이다. 그래서 불로써 약을 달이면 단이
되는 것이다. 이런 이치로 신으로써 기를 거느리면 진리의 길을
이룬다고 보았다.

(3) 주역의 수화기제(水火旣濟)

인체의 일부 부위를 '화로'와 '솥'에 비유하고 정기신을 세 가지 보배로 여긴다. '신'을 화후(火候: 불의 강약)로 삼고 정기를 약물(藥物)로 하여 신으로 정을 제련하고 신으로 기를 부린다. 오행을 오장에 배속하여 심장을 화로 하여 리괘(離卦: ☲), 신장은 수(水)로 보아 감괘(坎卦: ☵)로 보고 순수한 양기로 된 건괘(☰)를 만드는 것이다.

단전을 상중하로 나누는데, 상단전은 정수리 부위에 있으며 이를 니환궁(泥丸宮: 乾宮)이라 부른다. 연정화기(練精化氣)할 때 환정보뇌(還精補腦)하는 곳이고 연기화신(練氣化神)할 때 양신(陽神)이 상승하는 지점이다. 중단전은 심장의 아래와 배꼽의 중간 지점에 있으며 조기혈(祖氣穴)이라고도 하는데, 그 역할은 원기가 저장되는 곳이다. 하단전은 그냥 단전이라고 부르는데 보통 단경(丹經)들이 배꼽 아래 1치 3푼 되는 곳으로 보기도 하고 배꼽 안으로 1치 3푼 되는 지점으로 본다. 충맥(衝脈)과 대맥(帶脈)이 교차하는 지점으로 배꼽과 평행되게 밭 전(田) 자를 형성하여 단전이라고도 한다. 인체의 생명과 관계되는 씨를 낳는 근원으로 그 역할을 보기도 한다. 여기서 음양이 만나거나 장부의 근본이 되는 자리이므로 하단전의 단련이 매우 중시되었다.

수련 과정은 일반적으로 축기(築基), 연정화기(煉精化氣), 연기화신(煉氣化神), 연신환허(煉神還虛)의 네 단계로 나누어진다. 수련의 과정에서 단전은 '솥'과 '화로'로 비유하여 솥은 건궁(乾宮)으로 니환궁에 있고 화로는 곤전(坤田)으로 하단전에 있다. 원정

(元精)과 원신(元神)을 채취하여 약을 만들어 독맥을 따라 위로 올라가 정수리에 도달하고 다시 임맥을 타고 아래로 내려와 하단전으로 들어간다. 이는 연정화기 단계로 상단전과 하단전의 작용이며 이를 '대정로(大鼎爐)'라고 부른다. 연기화신 단계에서는 '소정로(小鼎爐)'를 사용하는데 중단전인 황정(黃庭)을 솥으로 삼고 아래 하단전을 화로로 삼는다. 두 혈 사이가 하나로 합쳐져 서려 있는 원기에 맡기고 신(神)을 고요히 기다리면 되는데 이를 대주천이라 하고 대정로를 소주천이라고 부른다.

『성명규지』「대소정로설(大小鼎爐說)」에서 금단(金丹)의 형성에 대해 이렇게 보았다(윤진인 저, 2005, 100-101). 옥토끼인 원정(元精)이 금까마귀인 원신(元神)과 단단히 결합하기 위해 단전인 화로와 솥을 안정되게 하여 축기(築基)라고 했다.

7. 참장공(站樁功)

참장공은 본래 동양 고대 건강법으로서의 양생과 무술의 기초적인 방법으로 전해져 내려왔다. 『황제내경』에 "…… 고대의 진인(眞人)들은 천지에 순응하고, 음양을 파악하여, 정기(精氣)를 흡수하고, 홀로 서서 신(神)을 지키며, 몸을 하나로 만듦으로써 천지 안에서 장수(長壽)하여 ……"[268]라고 쓰여 있다. 그러나 오랫동안 이 방법은 사람들에게 권법을 단련하는 과정의 기본공으로 사용되었다.

---

268) ……上古有眞人者, 提挈天地, 把握陰陽, 呼吸精氣, 獨立守神, 肌肉若一, 故能壽蔽天地……

참장은 강함과 부드러움, 허와 실, 동과 정, 긴장과 이완 등이 종합적으로 이용된 원리에 근거하여, 음양상교(陰陽相交)269)와 수화기제(水火旣濟)270)가 이용되고 있다. 움직임과 고요함이 결합되고(動靜相兼) 몸의 안과 밖이 포근히 길러짐으로써(內外溫養), 질병을 예방하고 치료하여 몸을 건강하게 하며 수명을 연장하는 수련법을 말한다.

〈그림 8〉 도인도

---

269) 여기서 음양상교란 심신상교(心腎相交)라고도 한다.

270) 수화기제란 음양상교와 같은 말이다. 심(心)은 양에 속하고 몸 윗도리에 있으며 화(火)에 속한 장기이다. 신(腎)은 음에 속하고 몸 아랫도리에 있으며 수(水)에 속한 장기이다. 그러므로 이 두 장기는 서로 돕고 제약하는 관계가 유지된다. 주역 64괘 중의 하나로 물이 위에 있고 불이 아래에 있어 강(剛)과 유(柔)가 정당한 위치가 된다.

1) 참장 자세

참장이란 말뚝처럼 서 있다는 의미로 우리의 기마자세와 비슷한 자세이다. 이 자세는 말을 탄 것처럼 무릎을 굽히고 두 팔로 항아리를 안은 모양이며 척주가 지면과 수직이 되게 서 있는 자세를 말한다. 그 특성은 전신에 내공을 길러 장부(臟腑)를 단련함으로써 천지의 기를 얻는 것이다. 그런 연유로 참장공은 중국 고대의 양생과 무술의 기초로 전해져 내려왔다. 이 자세는 참장공을 비롯한 모든 기공의 기본이 되는 자세이고 동양무예인 태극권의 기본자세이며 일종의 축기공으로 본다.

현대기공의 대가이며 대성권의 창시자인 왕향제(王薌齊)는 『황제내경(黃帝內徑)』에 기록된 근거를 들어 수천백 년 전부터 참장이 고대 양생술로 전해져 왔다고 했다. 그 근거로 『황제내경(黃帝內徑)』 「상고천진론(上古天眞論)」이 참립(站立: 우두커니 서 있는)에 대한 최초의 기록으로 보고 있다. 또 1973년 발굴된 마왕퇴 3호 한묘(漢墓)에서 출토된 ≪도인도(導引圖)≫에 한 남자가 서 있는 그림을 최초의 참장(站椿)의 자세로 본다.

그 종류는 동작요령에 따라 形, 意, 氣, 力의 상호 연계, 제약, 신체의 음양조정에 따라 입식, 좌식, 와식, 보행식, 의탁식 등이 있다.

(1) 조신(調身)

무극에서 태극으로 분화되듯 두 발을 나란히 붙였다가 왼발을 어깨너비만큼 벌린 다음 가만히 움직이지 않는다. 마치 ≪태

극도≫의 하나(一)에서 음양으로 나누어지듯이 한다. 이를 『진씨
태극권도설』에서는 대혼돈에서 음양이 나누어져 청기와 탁기로
변화되어 천지가 생성되는 것과 같다고 보았다. 참장은 정공(靜
功)과 동시에 동공(動功)에 속하며 기공수련의 조신(調身)으로 입
식(立式)에 해당된다.

이 자세의 요령은 척주가 일직선이 되기 위해 무릎을 구부리
고 무릎은 발끝을 넘지 않아야 한다. 명치를 앞으로 내민 듯해
서 흉곽이 자연스럽게 벌어지면 호흡량이 많아지게 된다. 머리
는 위로 매단 듯이 하고 꼬리뼈는 중립으로 한다. 몸을 상허하
실하고 척주가 지면과 직각으로 반듯하게 한다. 팔은 가슴 앞에
서 공을 가볍게 안는 듯이 하고 손가락은 이완하여 손끝이 마주
보게 한다. 이때 중요한 것이 미소인데 미소를 짓는 듯이 하면
긴장을 완화할 수 있게 된다.

이 자세의 형태는 선인(先人)들이 식물의 서 있는 모습을 적용
하고 말 타는 형식이 모방되었다. 참장은 기(氣)와 음양(陰陽), 수
화(水火), 기공삼조(氣功三調)와 더불어 천(天)과 상응하는 기본적
인 요소를 갖추고 있다. 이는 형, 의, 기, 력(形, 意, 氣, 力)이 서로
연결되고 서로 제약됨으로써, 음양의 평형이 조정되는 정체활
동이다. 형(形: 자세)과 의(意: 생각) 또한 수련의 근본 가운데 하
나이고, 서로 작용하고 제약하는 관계이다. '이형취의, 이의상
형, 의자형생, 형수의전(以形取意, 以意象形, 意自形生, 形隨意轉)'이
라 하여, 수련 시에 자세와 생각이 원활하게 배합하여 힘을 얻
고 기(氣)를 운행시키게 된다.

(2) 조심(調心)으로서의 입정(入靜)

조심으로서의 입정(入靜: 허정(虛靜)이라고도 한다)은 참장에서도 요구된다. 입정이란 외계의 모든 욕정[271]을 제거하고 마음이 극히 안정되고 편안한 상태에서 오장을 청정하게 하여 허극(虛極: 텅 빔)에 이르는 것으로 본다. 또 기공수련 중에 의념이 집중되어 연공자가 맑은 정신 상태와 함께 외계 감각이 차단된 고도의 안정 상태와 이완된 상태를 말하기도 한다(馬濟人, 1983, 240). 입정 상태의 최고 경지에 도달하기 위해서는 잡념을 배제하고 마음이 극도로 편안하여 안정된 상태에 이르러야 하고, 이런 상태에 이르면 내기(內氣)가 생산되고 운행된다고 한다. 노자의 제자인 항창자(亢蒼子 또는 항상자(亢桑子))는 기공의 이상적 경지를 몸과 마음, 정신의 합이라고 보았다.

> 내 몸과 마음이 합쳐지고 마음은 기와 합쳐지고 기는 정신과 합쳐지고 정신은 텅 빔과 합쳐진다. 이에는 굳은 의지가 있으니 비록 옳은 소리로 구름 끝 아득한 겉모습이고, 가까이 있는 눈앞의 속 모습이다. 장차 나로 하여금 반드시 다 알게 하는 것이니 이에 옳음을 모르고 내 칠규수족의 찬양처요 오장육부 겸허의 장소를 그 스스로 앎이로다.[272]

『노자하상공주』는 입정에 도달하기 위해 제12장에서 검욕(檢

---

271) 하상공주는 『老子道德經河上公章句』에서 情欲의 제거를 무려 19장에 걸쳐 언급하였다. 제1, 5, 11, 13, 14, 15, 16, 20, 27, 28, 32, 33, 41, 48, 50, 52, 56, 64, 80장.

272) 『全道說』: 我體合于心, 心合于氣, 氣合于神, 神合于無. 其有介然之有, 唯然之音, 雖運際八荒之表, 邇在眉睫之內,. 來于我者, 吾必盡知之, 乃不知爲是. 我七竅手足之所賞, 六腑五臟心虛之所知, 其自知而已矣.

欲)을 말하고 제16장에서는 감정을 덜어 내고 욕망을 제거하여
오장을 맑고 고요하게 하면 빔(虛)에 이른다고 하였다.[273]

오성을 지키고 육정을 제거하며 뜻을 절제하고 신명을 기른다.[274]

인간의 생사를 정욕과 관련지어 『도덕경』 「귀생」 제50장에서
언급되었다.

나가는 것이 삶이요, 들어가는 것이 죽음이다. 삶에 이르는
원인이 열셋이고, 죽음에 이르는 원인이 열셋이며, 사람이 삶
을 향해 나아가지만, 오히려 죽음의 땅으로 이르는 경우가
열셋이다.[275]

출생(出生)은 내 몸에서 정욕이 나가는 것으로 나가면 오장 내의
신(神)인 혼과 백이 안정되고, 입사(入死)는 정욕이 들어오면 정
기와 오장신을 불안정하게 만들어 죽음에 이르게 한다고 했다.
삶과 죽음에 이르는 열 셋은 구규와 사관(四關)으로 사람의 몸에
있는 아홉 구멍과 얼굴에 있는 눈, 귀, 입, 마음을 말한다.
　정욕의 제거를 말하는 『노자하상공주』에서 마음의 안정을 가
리키는 주해가 자주 나타나고 있다(박병수, 1996, 41). 이를 차례

---

273) 『老子道德經河上公章句』 제16장 「歸根」, 중화서국, 2006, 62쪽: 損情去欲 五臟淸靜 至於虛
　　極也.
274) 守五性 去六情 節志氣 養神明. 오성(五性)은 仁義禮智信로 오장이 지닌 간의 靜, 심장의 躁, 비
　　장의 力, 폐의 堅, 신장의 智를 말하고 六情은 육욕의 眼耳鼻舌身意로 욕망과 관련된 것을 말
　　한다.
275) 出生入死. 生之徒十有三, 死之徒死十有三, 人之生, 動之死之十有三.

로 살펴보면 「도광(韜光)」 제7장에서 "천지는 안정하고 또한 베풀어 영보(榮報)를 구하지 않기 때문에 장구한다."[276]고 주석되었다.

　　천지가 넓고 오래 갈 수 있는 까닭은 자기만 살겠다고 하지 않기 때문이니……[277]

「귀근(歸根)」 제16장에서 "뿌리는 안정, 유약, 겸비(謙卑)하여 아래로 처하면 다시 죽지 않는다."[278]고 해석했고,

　　뿌리로 돌아가면 고요함이니.[279]

「이속(異俗)」 제20장에서 "나 홀로 머물러 안정하여 정욕의 조짐이 없다."[280]라고 주석하여 정욕이 나타나지 않은 상태를 안정(安靜)이라고 해설하였고

　　나 홀로 고요하네, 아무런 조짐도 없으니.[281]

「허무」 제23장의 "사람이 일을 함에 마땅히 도와 같이 안정해야 하고 폭풍이나 폭우처럼 해서는 안 된다."[282]라고 말했다.

---

276) 天地所以獨能長且久者, 以其安靜自然施不求報……

277) 「韜光」: 天地所以能長且久者, 以其不自生.

278) 靜謂根也, 根安靜柔弱, 謙卑處下. 故不復死.

279) 「歸根」: 歸根曰靜.

280) 我獨泊兮安靜, 無情欲形兆.

281) 「異俗」: 我獨泊, 其未兆.

그러므로 도를 따라 일을 해야 한다.[283)

「논덕(論德)」 제38장에 "법도가 안정되니 고쳐야 할 바가 없다."[284)
라고 안정을 말한 것이 보인다. 또 상덕은 드러나지 않아야 한
다고 말했다.

상덕은 덕을 내세우지 않으니.[285)

이와 같은 표현들이 생사와 관련하여 안정과의 상관성을 보여
주는 좋은 본보기들로 보인다.

2) 참장과 선(禪)

(1) 거욕(去慾)과 무심(無心)

『노자』 제16장 귀근(歸根)에서 인간이 가야 할 곳은 뿌리인
'도'라고 하였다. 그러기 위해서 욕망을 제거하여야 한다고 했다.

도를 닦는 사람은 감정을 덜어 내고 욕망을 제거하며, 오장
을 맑고 고요하게 하여 비움의 극치에 이른다. 맑고 고요함
을 지키고, 두텁고 후함을 행한다. 나는 이것을 통해 만물이
모두 그 근본으로 돌아간다는 사실을 본다는 말이다. 사람은
그 근본을 중시해야 한다.[286)

---

282) 從爲也. 人爲事當如道安靜, 不當如飄風暴雨.

283) 「虛無」: 故從事於道者.

284) 言法道安靜 無所改爲也.

285) 「論德」: 上德不德.

수련에 앞서 거욕(去慾)은 아주 중요시된다. 수련 과정에서 또는 삶에서 일어나는 욕심은 마치 우리 살갗에 불필요하게 붙어 있는 두터운 각질과 같다고 본다. 각질은 내 살인 것 같지만 사실 떨어져 나가야 하는 존재이다. 두터운 각질은 피부주기가 알맞지 않을 때 미처 떨어져 나가지 못한 불필요한 살갗을 말한다. 이는 불필요하게도 피부 외면에 달라붙어 있어 피부감각을 무디게 만든다. 이는 잘 씻어서 벗기려고 해도 잘 벗겨지지도 않는다. 외면적인 일에 마음이 매달려 있는 과정에서 생기기 마련이어서 내면을 바라볼 여유도 없게 된다. 그럴 때 더 많은 각질이 생겨남을 모르고 우리가 하는 일에 매달려 지나칠 때가 많다. 마찬가지로 욕심은 피부각질이 생기는 것과 같은 모양으로 살아 있는 생명체에 군더더기로 달라붙어 오감을 무디게 한다. 그래서 거욕(去慾)은 무뎌진 오감과 인간의 본질을 회복시켜 주는 중요한 요소로 지적되고 있다.

우리는 거욕을 하려고 하면 할수록 더 많은 집착이 붙어나게 되는 현상을 경험하게 된다. 마치 군살더미인 각질이 생겨 그 각질이 피부감각을 무디게 하듯이 집착은 오감을 제대로 느끼지 못하도록 하고 자신의 내면을 바라보는 것에 방해를 놓는 것이다. 내려놓고 싶어도 내려놓을 수 없도록 만들어 올무를 씌워 죽음에 이르게 할 수도 있을 것이다. 우리는 거욕을 위해 초월적 명상이나 종교적 권위에 대한 절대복종, 혹은 세속적인 관점

---

286)『老子』16장: 道人, 損情去欲, 五臟淸淨, 至於虛極也. 守淸靜, 行篤厚. 言吾以觀萬物無不皆歸其本也. 人當重其本.

에서 바라본 도덕적 금욕주의적인 형태의 방식을 흔히 들고 있다. 거욕 방식에는 두 가지가 있는 것으로 필자는 보았다. 하나는 절대자에 귀의하여 자연적 질서를 초월한 개념이나 원리에 의존하는 방식이고, 또 하나는 몸과 자신을 둘러싼 자연환경에 충실한 방식으로 지금 현재에 머물며 자신의 오감으로 깨닫는 방식이라고 본다. 후자는 인간의 가장 솔직한 태도를 가지고 현재를 초월하지 않고 자신의 내면을 바라보며 욕심이 없어진 상태로 진입되어 있는 경지라고 본다.

무술로 비유하자면 우리는 이러한 경지를 가리키는 말로 무예(武藝)나 무도(武道)라는 용어로 표현하기도 한다. 그런데 무술(武術)이 한 단계 숙련되어 점차 무예나 무도로 깊어져 가게 되는 것은 무엇 때문일까? 이 경지에 도달하기 위한 기초적인 방법은 무엇일까에 대한 끊임없는 질문에 선조들은 먼저 거욕(去慾)을 들고 있다. 이런 경우에 우리는 자전거 타기를 처음 배우는 것을 예로 들어 볼 수 있다. 처음에는 우리의 의지와 손, 발, 몸통이 따로 놀아 좀체 자전거 위에서 균형을 유지하기가 쉽지 않다. 숙련이 되면 더 이상 자세에 신경을 쓰지 않아도 쉽게 자전거를 즐길 수 있게 된다(김정명, 67). 배우는 과정에서 잘 타려는 욕심이 앞서지만 맘대로 되지는 않는다. 몸과 마음이 일체가 된 숙련의 순간에는 초보단계의 자전거 타기에 대한 욕심이 사라지고 의도하는 대로 자전거 타기를 즐길 수 있게 된다. 자전거 타기 기술이 생기는 셈이다.

기술(技術)이 기예(技藝)로 바뀌게 되는 과정을 생각해 보면 욕심이 제거되어야 기술이 숙달되는 것과 같다. 기예(技藝)의 상태에 도달하게 되면 욕심이 없어지고 지각도 없어지는 형신의 통일된 상태에서 오는 고요함에 머물게 되며, 이때에 감정이나 생각이 없는 무심(無心)이 일어난다고 본다. 무심의 경지에서 예(藝)나 도(道)가 나오는 것은 선(禪)의 자의(字意)처럼 하나만 바라보는 것이라고 여긴다. 이러한 경지를 두고 선인들은 인간다운 진면목이 드러나서 인간의 최고 경지인 예(藝)의 경지에 다다르는 것으로 보고, 이를 인간의 이상향으로 삼게 되었다고 여긴다. 매난국죽(梅蘭菊竹)인 사군자를 굳이 떠올리지 않아도 군자는 모름지기 열매를 추구하는 사람보다 향기 나는 사람을 귀감으로 삼았던 이유는 무심(無心)의 경지에서 인간의 더 높은 경지가 보이기 때문이라고 본다.

참장에서도 형(形)이 의(意)를 구한다는 것은 이와 같은 맥락이라고 여긴다. 그래서 수련자가 참장자세에만 충실하고 정직하면 기술의 단계를 넘어 기예단계에서 오는 무심의 경지에 다다를 수 있는 것으로 보는데, 이 경지에 이르는 방법이 참장요령 사항에 나타나고 있다.

(2) 내맡김(gelassenheit)과 실천지(實踐知: embodied knowing)

운동을 배울 때 움직임의 초보단계에서는 움직임 하나하나를 대상으로 삼아 역학적, 생리적, 외형적인 분석을 하게 된다. 이러한 과정을 거쳐 습득된 기술이 숙련되어 갈수록 운동자의 움직임은 주지[287]적인 대상에서 벗어나게 된다. 운동자의 숙련된 기술은 운동자에게 의지(意志)의 단계를 지나 무의지(無意志)의 영역에 다다르게 만든다고 본다. 앞에서 예시한 자전거 타기와 같은 경우이다. 이때 자신의 움직임에 대한 분석이 더 이상 존재하지 않으며 자신의 의지가 작용하지 않아도 저절로 움직임이 이루어지는 몸과 마음의 만남인 심신일여의 순간을 경험하게 된다. 이는 자신을 몸과 마음이 만나는 그 순간에 몰입함으로써 얻어지는 자유자재함일 것이다. 자전거 타기 초보자처럼 심신일여 상태에서 벗어나 다시 자신의 움직임을 하나하나 분석하는 순간 자전거 타기는 균형이 무너져 멈추게 되어 자전거 타기가 어려워질 것이다. 다시 말해 심신일여의 순간은 자신의 움직임에 '내맡김'의 이행과 몰입이 있어야 가능하다. '내맡김' 현상은 주지적으로 이해가 불가능하지만 체험으로는 누구나 이해가 가능한 현상으로 공론화되어 있다(김정명, 67). 주체와 객체가 구분되지 않고 일체가 되어 그 안에 자신만이 존재하는 현상을 경험하게 될 것이다. 자신의 신체적 움직임에 내맡김이 이루어지는 심신일여 상태가 동반되고 그에 몰입되어야 자기 마음대로 자전거 타기와 그 묘미를 즐길 수 있는 상태에 이르게 된다. 이러한 과정은 수영이든 국궁이든 구분 없이, 또 도구를 사용하거나에 관계없이 이루어지는 신체의 움직임에 나타나는 현상들이라고 본다. 그러나 여기서 자전거 타기는 즐기기 위한 것인가 아니면 이동을 위한 수단인가는 상황에 따라 그 목적이

---

287) 신체작용을 떠난 순수한 정신작용을 통하여 성립되는 학문.

달라질 것이다. 수련은 즐기는 것과 함께 움직임을 통해서 목적을 이루려는 의지의 결합이라고 본다. 기술적인 차원을 넘어서 예술이나 덕성으로 발전해 가는 것이 일반 스포츠와는 다른 모습이다. 내맡김과 몰입에 대해 『장자』「달생(達生)」에서는 꼽추 노인이 매미를 잡는 것에 비유하여 말했다.

> 공자가 초나라에 가다가 숲을 지나 나오는데, 한 꼽추노인이 마치 줍듯이 쉽게 매미를 잡고 있는 것을 보았다. 공자가 "당신은 솜씨가 좋군요! 뭔가 방법이라도 있나요?"라고 물었다. 꼽추는 "방법이 있지요. 대여섯 달 동안 장대 끝에 공을 두 개 겹쳐 올려놓고도 떨어지지 않게 되면, 매미를 놓치는 일이 적어지지요. 또다시 공 세 개를 겹쳐 올려놓고 떨어지지 않게 되면 놓치는 일은 열에 하나 정도이지요. 또다시 공 다섯 개를 겹쳐 올려 떨어지지 않게 되면 마치 줍듯이 잡게 된다오. 나의 몸은 말뚝처럼 꼼짝 않고 팔은 마른 나뭇가지처럼 움직이지 않지요. 비록 천지가 넓고 만물이 다양하지만, 나는 오로지 매미의 날개만 생각합니다. 나는 몸과 팔을 꼼짝하지 않은 채 매미 날개 외의 어떤 것도 마음을 돌리지 않지요. 그러니 어떻게 매미를 잡지 못하겠오."라고 말하였다. 공자는 제자를 돌아보며, "뜻을 흩어지지 않게 하면 정신이 하나로 모아진다고 하는데, 이는 아마도 저 꼽추노인을 두고 하는 말일 것이다."[288]라고 말했다.

이렇듯 진지하게 형신(形神)을 통일하려는 노력과 더불어 천리(天理)에 따르고 순응하는 경지에서 '내맡김'의 핵심이 이루어진

---

288) 『莊子』「達生」: 仲尼適楚, 出於林中, 見痀僂者乘蜩, 猶掇(철)之也. 仲尼曰: 子巧乎? 有道邪? 曰: 我有道也. 五六月累丸二而不墜, 則失者錙銖(치수); 累三而不墜, 則失者十一; 累五而不墜, 猶掇지야. 吾處身也,若厥株拘; 吾執臂也, 若槁木之技. 雖天地之大, 萬物之多, 而唯蜩翼之知. 吾不反不側, 不以萬物易蜩之翼, 何爲而不得! 孔子顧謂弟子曰: 用志不分, 內凝於神, 其痀僂丈人之謂乎!

다고 본다.

　이러한 '내맡김'의 상태에 이르기 위해 신체적 움직임을 통해 배움에 이르는 '실천지(實踐知: embodied knowing)'[289]는 움직임의 핵심이라고 볼 수 있다. '실천지'의 가장 일반적인 경우는 움직임 속에서 신체의 움직임이 정지되어 모든 것이 조화를 이루고 있음을 깨닫게 되는 순간이라고 본다. '실천지'를 통한 '내맡김'의 상태에 들어가는 순간에 몸의 감각은 자기중심에서 자기가 서 있다는 사실을 발견하는 것이라고 여긴다. 수련의 경지가 고급화되면 '실천지'를 누구나 깨닫게 된다. 예를 들어 사격에서 명중할 때나 축구공을 골인시킬 때라든가 야구배트로 홈런을 칠 때의 느낌 등 그 사례는 수없이 들 수 있다. 그 순간에 이루어지는 절묘한 느낌과 심신의 조화로 가슴이 확 터지는 이때를 무심(無心)의 경지라고 본다. 참장자세는 이런 경지에 도달하는 데 커다란 도움을 줄 것이다.

　한편 마보참장(馬步站樁) 공법의 특징은 "첫째, 입정(入靜)하지 마라. 둘째, 의수(意守)하지 마라. 셋째, 다른 공법의 개념을 섞지 마라."이다. 이때 강조할 점은 정확한 자세이다. 이는 참장자세의 유지만으로도 '실천지'와 '내맡김'의 상태에 도달이 가능하다고 여겨 더 이상 다른 공법을 가감하지 말고 순수하게 참장자세를 취해야 한다고 참장요령에서 말하고 있다.

---

289) 김정명은 체육적 상황 속에 존재하는 독특한 삶의 양식을 'embodied knowing'이라는 용어로 명명하였다. 또 모든 예술적 영감은 어떠한 이론적 앎을 바탕으로 생기는 것이 아니라 예술행위 속의 실천지(實踐知)에서 비롯됨을 주장하고 진정한 의미의 체육학은 예술의 기본이 되어야 한다고 하였다.

신체의 내맡김과 차원이 다르기는 하지만 자기중심성을 내맡기는 것과 관련하여 세계적 영성가인 호킨스 박사는 깨달음이 영적 진화를 위한 실천방법이라고 말한다. 그런데 깨달음은 성취되는 것이 아니고 단지 깨닫지 못하는 상태를 멈추게 하는 것이라고 한다. 그럴 때에야 깨어 있는 상태로 진입하게 되며, 깨어 있는 상태는 에고를 넘어서 있는 단계라고 말한다. 따라서 '실천지'에서 자기중심성을 내맡기는 것은 또 다른 세계로의 진입을 의미한다고 본다.

수련 차원의 반복적인 움직임에서 마지막에 나타나는 현상은 고요한 가운데 영감(靈感)이 떠오르는 것으로 본다. 이때 수련자들이 행복해하고 있는 것을 보면 그 차원을 조금이나마 이해가 가능하다고 본다. 이때의 영감(靈感)을 『관자』에서는 신명(神明)이라고 보았고 『노자』에서는 신(信)이라고 말했다.

8. 소림내경일지선(少林內勁一指禪)과 마보참장공 (馬步站椿功)

인도인 달마는 인도선종(印度禪宗)의 28대 전수인(傳受人)이며, 위나라 효명제의 효창 3년(B.C. 527년)에 포교를 시작하여 중국 불교계의 시조가 되었다. 달마는 소림사에서 9년 동안 면벽수련(面壁: 벽만 보고 수련)으로 한 것으로 유명하다. 달마의 불제자들이 앉아서 공부만 하여 날로 기운이 빠지고 있을 때, 달마가 그들에게 매일 아침 해 뜨기 전에 나한십팔수(羅漢十八手: 나한

불상의 18가지 손 모양와 내경(內勁), 가부좌를 연습하게 한 것이 바로 소림내경의 시작으로 보고 있다.

그리고 마보참장공은 선인(先人)들이 식물을 관찰하고 말 타는 형식을 모방하여 창조한 공법이다. 마보참장공은 축기공(築基功)이다. 이는 마치 집을 짓는 데 기초를 닦아야 하는 것과 같다. 기초가 튼튼해야만 고층 빌딩을 지을 수 있다. 기초가 튼튼하지 못하면 고층 빌딩이 오래가지 못하는 것과 같은 이치이다. 이 공법은 하체를 단련하는 것부터 시작된다. 나무는 뿌리가 깊고 튼튼해야 잎이 무성해진다. 사람은 다리부터 늙는다고 한다.

1) 소림의 역사

내경일지선은 남(南)소림에 소속되며, 승려들이 몸을 건강하게 가꾸는 건신술(健身術)이다. 잠시 남소림이 설립된 배경을 살펴보자. 수(隨)나라 말기에 양제의 무능한 정치로 이연, 왕세충, 두부위 등 반군이 곳곳에서 일어나게 되었다. 소림사의 13곤 승려들이 당나라 임금을 도와 반군들을 평정하여 당나라 건국에 일익을 담당하였다. 당태종 이세민(李世民)이 전국을 통일하고 강남의 두부위가 투항을 했지만 그 밑에 있던 대장군 보공우가 3년 동안 완강하게 저항하다가 피살되었으며, 그 부장인 노득재가 다시 연해로 나돌며 해적으로 돌변하여 동남연해 일대를 노략질하였다. 그래서 당태종이 소림사 주지 현종(顯宗)에게 잔당 소탕을 명하니, 주지 현종이 13곤승(棍僧) 중에서 도광화상(道廣

和尙)에게 500명의 승려들을 이끌고 해적들을 물리치도록 명하였다. 십여 년의 기간을 거쳐 동남연안 해적들의 항복을 받고, 많은 지역에 불교를 전파하였다. 항복한 많은 해적들을 불제자로 받아들였지만 그들은 모두 고향으로 돌아가기를 원했다. 도광화상이 소림사로 돌아와 현종방장께 이 사실을 알리니 방장께서 시 한 수[290]로 대답하였다. 도광스님이 이를 듣고 복건성으로 돌아가, 포전에서 북쪽으로 5㎞ 떨어진 구련산(九蓮山)에 남소림사를 건설했다. 이때가 당태종 정관년이었다.

조선사(稠禪師) 및 초조(初祖) 달마로부터 2조 혜가신광(慧可神光), 3조 승찬(僧燦), 4조 도신(道信), 5조 홍인(弘忍)에 이르렀다. 5조 홍인이 늘 한밤중에 일어나서 금강경과 불법비결을 6대 조사(祖師)인 혜능(慧能)한테 전수했다. 그러나 수많은 제자들이 이에 불복해서 혜능은 혼자서 남쪽으로 내려가 15년 동안 잠적하여 마음을 가다듬고 열심히 수도생활을 하면서 문장과 무예를 닦았다. 그리고 혜능은 남소림사의 제1대 주지인 도광과 함께 남소림의 창시자가 되었고 남종선(南宗禪)을 이루어 《육조단경》이 탄생되었다. 홍인 문하의 또 하나의 2대 선사인 신수의 계통을 받은 사람들은 북종선(北宗禪)을 이루었다.

북(北)소림은 하남성 등봉현의 숭산(嵩山: 少室山이라고 불림)에 있으며, 북위(北魏)의 효문제(孝文帝) 원굉(元宏)이 명령하여 복원시킨 후 인도의 싸아문바튀어(沙門跋駝)에게 정착하여 설법하

---

290) "방해평도일월구, 구련산하유숙두: 남북천리동일사, 대승선재심중류(傍海平盜日月久, 九蓮山下有宿頭; 南北千里同一寺, 大乘禪在心中留)"

게 하였다고 한다. 이때가 바로 태화 20년, 즉 496년이다.

2) 내경(內勁)

내경(內勁)은 무술공부, 즉 내공이라는 뜻으로 인체 내의 잠재적인 에너지, 힘과 능력을 말한다.

3) 일지(一指)

일지(一指)는 나한수에서 보이듯 손가락의 지시형태를 의미하는데 손가락이 지능과 연결된다는 현대의학과도 통한다. 중국 기공학 사전에서는 '일'에 대하여

첫째, 근본 즉 생명의 기본으로 본다.
불교의 만물이 모두 한 가지 법칙을 고수함.[291]
도가의 마음을 닦아 하나를 지킴.[292]
유가의 심성으로 한 가지를 꿰뚫다.[293]
의가의 정성되게 하나를 지켜 근본을 삼는다고 했고,[294]
『태평경』에는 "일을 어찌 생각하나? 일은 수의 시작이요, 삶의 길이며, 원기가 일어나는 곳이고, 천지의 기강이라."[295]고 했다.

---

291) 명심견성, 만물귀일(明心見性, 萬物歸一).
292) 수심양성, 수중포일(修心養性, 守中抱一).
293) 존심양성, 집중관일(存心養性, 執中貫一).
294) 허심정성, 포원수일(虛心定性, 抱元守一).
295) 이사수일, 하야? 일자, 수지시야; 일자, 생지도야; 일자, 원기소치야; 일자, 천지강기야(以思守

둘째, 규율은 만물의 운동법칙이다.

『노자』제42장에 "도생일, 일생이, 이생삼, 삼생만물(道生一, 一生
二, 二生三, 三生萬物) : 도는 하나를 낳고, 하나는 둘을 낳고, 둘은
셋을 낳으며, 삼은 만물을 낳는다."에서 일은 근본이고 규율이
며, 만물의 법칙으로 불교에서 부처님은 손의 여러 가지 운동의
기본으로 일지를 사용하였다.

이상의 설명으로 불가기공에서의 일지의 뜻은 아래와 같다.

첫째, 한 손가락과 한 발가락을 대칭으로 움직임으로써, 불가
에서는 손과 발의 규칙적인 운동으로 전신경락을 원활하게 한다.

둘째, 일지는 마음 정한 그것을 고수(固守)하고 꼭 성공한다는
의미가 있다.

셋째, 손가락을 침으로 여겨 일지로 안마를 할 수 있고, 기를
발산하여 경락치료를 할 수 있다.

넷째, 불교에서는 손가락운동의 기본원칙을 지켜서 두뇌를
맑게 하고 마음의 티를 없앰으로써 선정(禪定)과 혜근(慧根)의 개
발에 집중한다는 것이다.

즉 동양의 선(禪)에서 말하는 '정(定)과 혜(慧)'는 열 손가락과
열 발가락을 움직여서 뇌의 발달을 가져오고 사람의 지혜를 키
우는 것이 일지선법((一指禪法)이다. 아울러 소림내경일지선에는
동공(動功)과 동물모양을 모방한 행공(行功)이 있는데 이는 인문
종의 『기공양생처방』을 참조하면 된다.

一, 何也? 一者 ,數之始也; 一者. 生之道也; 一者. 元氣所起也; 一者. 天地綱紀也).

4) 마보참장 동작

　인간의 가장 좋은 건강법은 네 발로 기어 다니는 것이지만 현실적으로 이를 행하기가 쉽지 않다. 운동 차원에서 잠시 네 발로 기어 다니는 것은 가능하지만 여러 가지 여건으로 볼 때 어려운 점이 많다. 그래서 누구나 언제 어느 장소에서나 손쉽게 다가갈 수 있는 자세가 마보참장이라고 할 수 있다.

　마보참장은 매회 30분 이상을 해야 효과적인데, 초심자는 짧게 하여 시간을 늘려 간다. 높은 자세에서 낮은 자세로 진행하도록 한다. 상허하실을 염두에 두며, 의(意)와 기(氣), 힘이 유기적으로 결합하여 하나를 이루게 하여 외정내동(外靜內動) 상태에 이르게 한다. 의기(意氣)가 서로 따르게 되면 천인합일의 경계에 이르게 된다. 여기서 유의할 점은 의(意)가 기에 따름을 말하며 의(意)가 주가 되어서는 안 된다.

　마보참장의 요령을 살펴보면
1. 두 발을 어깨너비로 벌려 선다.
2. 두 발끝은 안쪽으로 10도 정도 돌린다.
3. 열 발가락은 땅을 틀어잡고 있되 너무 힘을 주지 않는다. 마치 발바닥에 살아 있는 지렁이를 보호하듯 용천부위를 살짝 든다.
4. 무릎을 굽히고 선 자세에서 무릎이 발끝을 넘지 않는다.
5. 배는 안으로 당기고 항문을 치켜 조이고 올린다.

6. 무릎 안은 둥글게, 허리와 무명골은 이완한다.

7. 가슴을 숨을 내쉴 때처럼 모으고 등은 펴는데, 지면과 수직이 되게 한다. 이때 벽에 뒷머리, 등, 명문혈, 골반꼬리뼈가 골고루 닿도록 골반을 위로 치키고 배는 척추 쪽으로 당긴다.

8. 턱을 당기고 목을 올린다.

9. 혀끝을 입천장에 살짝 붙인다.

10. 눈은 앞을 바라본다.

11. 코끝과 배꼽이 일직선이 되어 땅과 수직된다.

12. 백회혈(百會穴)과 회음혈(會陰穴)은 일직선이 되어 땅과 수직이 되게 한다.

13. 겨드랑이를 조금 벌린다.

14. 어깨와 팔꿈치를 내린다.

15. 팔과 지면은 평행하게 한다.

16. 두 팔은 서로 평행하게 한다.

17. 중지와 팔이 일직선으로 한다.

18. 손가락은 조금 오므린다.

19. 손가락은 계단형, 엄지손가락과 식지를 오리 모양으로 한다.

20. 상반신은 이완하고 하반신은 긴장하면서 얼굴에 웃음을 띠고 자연스럽게 호흡을 한다.

21. 시작동작과 참장동작, 마무리 동작을 정확히 한다.

5) 마보참장 특징

동작과 자세의 정확성을 요구한다. 대체로 명상에서는 의(意)를 중시하지만 마보참장에서는 정확한 형(形)만이 강조된다. 이는 어느 누구나 각기 다른 종파를 막론하고 자세만 정확하면 자연과의 합일 경지에 이르러 기(氣)를 받을 수 있는 데에 착안된 것 같다. 이 자세의 처음 의도가 불제자들의 건강을 염려하여 고안되었지만 자세만 강조한 것은 단순하고 순수한 자세만으로도 텅 빔의 경지에 다다를 수 있기 때문으로 해석된다. 즉 불심에 의하지 않고도 자세 하나만으로도 천인합일의 상태에 몰입된다고 여겨져서 다음과 같은 점이 강조되고 있다.

1. 입정(入靜)하지 않는다.
2. 의수(意守)를 가지지 않는다.
3. 다른 공법과 개념을 섞지 않는다.

6) 반지법(扳指法)

소림내경일지선의 18대 장문인 궐아수 대선사 문중제자들의 저서를 볼 때 모두 반지(扳指, 扳趾)공을 내경일지선의 핵심이라고 강조했으며, 현재까지 모두 150가지의 반지공법이 있는 것으로 조사되었다. 비록 각 반지공의 지법(指法)과 수련순서에서 약간의 차이가 있지만 모두 과학적인 근거가 있으며, 어떠한 반지공을 하든지 수련을 하면 효과가 있다.

마보참장을 10분에서 20분 동안 하고 난 후 손바닥을 아래로 해서 지면과 수평이 되게 한다. 손가락의 엄지를 기준으로 해서 '2, 4, 1, 5, 3'의 순서로 규칙적으로 손가락을 움직여 주면(동시에 상응하는 발가락도 포함해서), 인체는 약간 열이 오르는 느낌이 들고 손의 기감(氣感)도 강해진다. 어떤 사람은 손가락과 발가락의 운동을 통하여 자신도 모르게 몸이 앞뒤로 약간 흔들린다든가 혹은 강렬한 떨림을 느끼거나 약간 뜨거운 느낌이 인체 내에서 흐르는 체험을 갖게 된다. 계속해서 3개월 내지 6개월을 수련한 사람은 몸에 있던 질병이 매우 빠르게 치유되고 튼튼한 체력을 얻게 되며, 민첩한 생각과 맑은 정력이 충만하여 내기외방(內氣外放)의 능력을 갖추게 된다.

(1) 첫 번째 반지(扳指, 扳趾)법

① 시작자세: 마보참장(馬步站椿)공을 10~20분간 수련하고 나서 반지공(扳指功)을 시작한다.

② 손가락 움직이는 순서: 식지(食指)→무명지(無名指)→엄지→새끼손가락→중지(中指)의 순서로 움직여 준다.

③ 운동요령: 손바닥을 아래로 향하게 구부렸다가 손가락을 자연스럽게 편다(발가락도 마찬가지). 먼저 식지(食指)를 아래로 구부려서 1분 30초~2분 후 다시 펴 주고 1~2분 지난 다음, 위로 1~2분 동안 치켜들었다가 펴서 1~2분 머문다. 같은 방법으로 다른 손가락을 운동시킨다. 다섯 손가락을 골고루 한 번씩

운동한 것을 1회로 하여, 3~5회 운동하고 난 후 마보참장(馬步站椿)을 다시 5분간 수련하고 나서 마무리를 한다.

④ 요구사항

㉠ 첫째, 손가락의 운동순서를 반드시 지켜야 한다.

㉡ 둘째, 운동 횟수를 더해서는 안 되고 덜해서도 안 된다.

㉢ 셋째, 손가락을 구부리고 펼 때 천천히 움직여야 한다.

㉣ 넷째, 손가락을 운동할 때 그에 상응한 발가락도 반드시 움직여 주어야 한다.

㉤ 다섯째, 만약 운동 중에 머리가 어지러운 현상이 생기면 당황하지 말고 마무리 동작을 하고 잠깐 휴식을 취하며 따끈한 차 한 잔을 마시면 어지럼증이 없어진다.

(2) 두 번째 반지법

두 번째 반지법의 준비 자세와 운동요령은 모두 제1법과 동일하고 단지 손가락을 운동하는 순서와 시간이 다르다.

① 손가락을 움직여 주는 순서는, 먼저 엄지손가락을 3번 움직여 주고, 가운데 손가락을 5번 움직여 준다. 다음은 새끼손가락을 3번 움직이고, 식지(食指)를 7번, 무명지(無名指)를 9번 움직여 주고 마지막으로는 가운데 손가락을 다시 1번 움직여 준다.

② 매번 손가락을 움직여 주는 시간은 약 15초인데 아래로 구부릴 때는 10초간이고, 원상복귀가 약 3초에서 5초간이다.

(3) 세 번째 반지법

이 공법은 주로 공력(功力)을 높이는 데 있다. 손가락과 발가락을 운동하는 순서와 방법, 요구는 제1법과 같고, 운동시간은 두 번째와 같다. 다른 것은 손가락을 움직여 주는 숫자이다.

먼저 식지(食指)를 5번 움직이고, 뒤이어 무명지(無名指)를 7번 움직이고, 다음은 엄지를 9번 움직이고, 새끼손가락을 11번 움직인다. 마지막으로 중지(中指)를 13번 움직인다. 발가락도 손가락과 마찬가지로 동일하게 동시에 움직여 준다.

맺음말

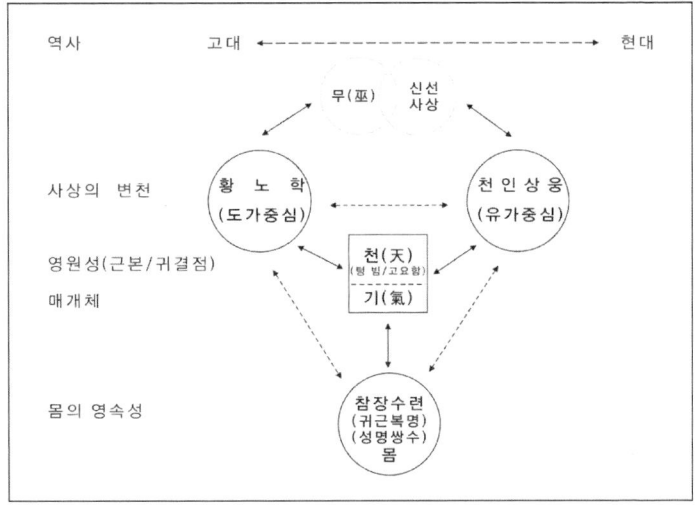

〈그림 9〉 천인상응 요약도

일반적으로 알려진 동양수련의 목적은 심신의 단련에 있는 것이다. 이는 단지 건강이나 무술의 향상을 위한 목적이 아니고 단련을 통해서 내공(氣)을 기르고 천(天)의 의미를 담아내는 것이다. 동양무예의 기초자세로 알려진 참장공은 모든 수행의 궁극점인 천인상응의 사상과 원리가 담겨 있다. 그러나 최근 웰빙 열풍을 타고 태극권 등 동양수련이 우리 사회에서 인기를 끌고 있지만 그 수련들의 기본적인 몸짓에 대한 사상적 연관성을 논의하려는 노력은 거의 기울이지 못하는 실정이다. 따라서 참장수련이 어떠한 근거에서 어떠한 방식으로 천인상응의 사상과 원리를 조명하고 있는지를 밝히고자 집필하였다.

이를 위해 이 책에서는 동양학 전반에 나타난 천인상응의 의미를 추찰했으며, 참장수련 내에 천인상응의 원리가 어떻게 스며들었는지 살펴보았다.

역사학적 근거가 희박한 중국 고대 신화나 전설을 중심으로 수련과 관련된 기록을 살펴본 결과에 의하면 참장의 사상적 계보는 무(巫)에서 출발되었다고 보는 것이 타당할 것이다. 그 계보는 황제설화에 얽혀 있는 무(巫)와 신선사상을 거쳐 『노자』의 '도'에 근원을 두고 있는 것이다. 기원전 3세기 제나라 시절에 직하학궁(稷下學宮)을 중심으로 형성된 '황노학'은 전국시대에 주로 정치적 사상 쪽으로 활발하게 연구되고 활용되었다. 황노학은 당시의 정치적인 배경으로 커다란 역할을 하였고, 비록 변색되기는 하였지만 다행히도 노자의 사상이 후세에 연결되는 가교의 역할을 하게 되었다.

본격적인 황노학의 문헌으로는 『관자』를 그 시작점으로 보고 있다. 『관자』에서는 기(氣)사상이 선도되어 천(天)과 인간을 이어주게 하는 매개체로서의 '기'가 천인상응의 원리에 매우 적합하게 적용되었다. 기는 존재하는 몸(宇)과 변화하는 몸(宙)의 중심에 있어 우주와 같은 맥락이라고 본다. 나아가 기사상은 우주론과 양생론으로 동양사상의 기반이 되는 것으로 나타났다. 『관자』에서 내세운 정기(精氣)의 개념과 『황제사경』에서의 천(天) 개념이 『회남자』의 양신론(養神論)과 『노자하상공주』의 무위론(無爲論), 『황제내경』의 양생론(養生論)과 음양오행론에 이르러 천(天)과 인간이 교통되는 근거가 마련된 것이다.

이와 같이 참장수련의 사상적 바탕이 되는 황노학을 그 성립 과정에 따라 살펴본 결과 천인상응의 원리가 그 중심에 놓여 있음을 알게 되었고, 천인을 매개하는 (정)기의 극진함으로써 신명에 이르게 됨을 알게 되었다. 또한 몸을 통해서 정신의 비움과 고요함을 찾고자 하는 공통점이 엿보였다.

황노학과 신선사상이 연결된 천인상응이란 천지인 삼재사상에서 천(天)과 지와 인간의 합치와 통일, 상응으로 서로의 조화를 모색하는 관계를 의미한다. 고대의 천(天)이란 경외의 대상이어서 무(巫)에서 시작된 천인관계는 하은주 시대를 거치면서 주재적인 천(天)에서 이법적이고 자연적인 천(天)으로 변모해 가는 양상을 보여 주고 있다. 고대의 무당은 국가적인 행사로 춤과 노래와 제사로 천(天)에 대한 경외심과 교통을 꾀하게 되었다. 이를 이어받은 신선사상은 전국시기에 민간에서도 일어나 신선에 대한 염원으로 장생불사를 추구하게 되었고, 도인술과 벽곡법이 유행되어 신선사상과 더불어 양생술이 태동되는 계기가 되었다.

한대에는 천인상응에 대한 개념이 주재적인 천(天)에서 이지의 발달에 따라 이법적(理法的)인 천(天)으로 변화·발전되었으나 상호적인 관계는 유지되었다. 유가에서 본 천인관계는 동중서의 등장으로 왕조의 정치권력에 대한 이동이 설명되면서 왕과 백성들과의 권력관계로 변모되었다. 이에 따라 황노학은 퇴조되어 개인 수양론으로 길을 바꾸게 되었다. 유가는 동중서의 인부천수(人副天數)이론으로 인간은 천(天)을 닮았으므로 천(天)의 특성이 인간에게 성(性)으로 내재되어 있다고 보았다. 성에 대한 유가의 입장이 안으로는 인(仁)을 쌓고 밖으로는 예(禮)에 알맞게 수신(修身)을 해야 한다고 주장되었다.

이러한 천(天)의 특성은 텅 빔과 고요함으로 변함이 없다. 주재적인 천(天)의 개념이 인지의 발달에 따라 이법적인 천(天)의 개념으로 변모되었지만 인간의 근본사상에는 천(天)의 속성이 뿌리로 자리하고 있다고 본다. 이에 상응하려는 인간의 덕(德)은 성(性)을 계발하려는 노력이라고 본다.

참장수련 내에 천인상응의 원리가 스며든 핵심을 몸으로 보았다. 주로 몸과 관련된 의학서인 『황제내경』도 천인상응의 영향을 받아 천지의 생성과 우주의 구조, 천기(天氣)의 변화가 인간의 심리적·생리적 기능에 상응된다고 보았다. 음양과 오행의 원리에 입각하여 기를 도입한 참장의 수련은 정신과 몸을 이원화하지 않고 통일되게 바라보았다. 천(天)은 인간사를 주재하고 자연환경을 지배한다고 보았기 때문에 천(天)에 제사를 지내는 무(巫)의 역할은 중요시되었다. 수련의 특수한 정신 상태는 무(巫)와 관련이 된다. 천(天)과 교통하는 무(巫)의 정상(精爽: 둘로 나누어지지 않는 정신 상태 등)은 수련의 기초가 되었다. 또

무(巫)에서 비롯된 춤이 발전되어 도인술의 밑바탕이 되었다.

천인상응과 관련된 인간의 정신과 몸의 관계에 대한 논의는 언제나 숙고의 대상이 되었다. 이 문제는 초와 촛불에 비유되기도 하고 칼과 칼날의 예를 들어 설명되기도 하였다. 수련에서 이 문제가 중요시되는 이유는 정신과 몸이 천(天)에서 유래되었기 때문에 둘은 갈라설 수 없다고 보는 것이다. 이 둘이 한 몸에서 만나야 내단이 형성된다고 보기 때문이다. 이는 성명쌍수(性命雙修)의 요지가 되는데 수련의 요지는 처음 시작할 때에 명(命)에 의해 성(性)을 취하고 성(性)이 온전해지면 다시 성(性)에 의해 명(命)이 편안하게 된다고 보는 것이다. 참장수련 방식의 귀결점은 금단을 완성하여 '인간의 근본으로 돌아감'이 지향하는 '허(虛)'와 '정(靜)'으로 본다. 이것은 천(天)의 성질인 '허(虛)'와 같은 뿌리이고 참장수련의 귀결점인 연신환허(煉神環虛)의 '허(虛)'와 관련성이 있는 것으로 본다. 필자는 바로 여기서 수련의 귀근복명 원리에 천(天)과 인간이 닮았다는 천인상응의 원리가 그대로 스며들어 있는 것으로 보았다.

이상과 같이 동양의 수련은 물론이고 고대 농경사회 생활의 모든 사상의 배경은 시대의 변천에도 불구하고 천(天)과 인간의 몸은 변함이 없다고 본다. 그리고 몸이 현장의 중심이 되는 인간의 사상은 궁극의 천(天) 중심 사상에서 출발된 것으로 보고 있다. 그 천(天)과 상응하려는 사상이 생활 전반에 스며들어 있어 수련은 물론이고 천문, 농업, 의학에서도 천인상응관이 적용되는 것으로 보았다. 더구나 수련을 몸 중심으로 보는 시각은 정신과 몸이라는 이원론적 사유체계를 떠나 성명쌍수(性命雙修) 체계를 완성하게 되었다. 인간이 돌아가야 할 근본자리를 천(天)으로 볼 때 천(天)의 특성인 '텅 빔(許)'과 '고요함(靜)'에 도달하기 위한 하나의 방법으로 음양의 조화와 수승화강(水昇火降)의 원리를 구현하는 것이 참장수련임을 거듭 이 책에서 밝히고 있는 것이다.

저자는 참장을 치신양생적인 해석으로 몸 자체의 생명력과 몸이 담고 있는 본질을 찾아내려는 노력이라고 보았다. 그 본질은 깊고 묻혀 있어서 그 속으로 파고 들어가는 일은 용이하지는 않게 보인다. 더구나 이지(理智)의 발달이 현대사회의 근간이 된 과학은 고대시대의 눈에 보이지 않는 신비한 영역을 밀어내거나 대체하게 되었다. 그 결과 천(天)의 신비적 영역을 미신으로 보는 경향을 낳았고 과학 우월주의적 중심 체제는 오히려 인간의 지혜로 풀 수 없는 과제를 산적해 놓은 상태에 이르게 하였다.

하늘이 준 우리의 생명은 형(形)과 신(神)을 막론한 전일적인 존재이며 정(精)의 작용으로 신(神)이 활성화된 상태가 바로 생명의 시작인 셈이다. 우리의 생명은 비어 있고 고요하며 무위로서 목적 없는 목적을 향해 항해하는 자동시스템적인 유기체이다. 인간의 본성인 성명(性命)을 천인상응관에서 찾는 심오한 노력은 우리의 안식처이며 살아 숨 쉬고자 하는 몸에 질서회복을 가져다줄 것이다. 우리가 돌아가야 할 곳은 뿌리라고 하였다. 이러한 상태에 도달하기 위해 욕망을 제거하고 자연에 순응할 때 순수한 영아의 모습이 나타난다고 노자는 말했다. 인식론적인 유위를 말하지 않고 자연 무위론이 주장된 것이다. 이런 자연무위사상은 우리민족의 '꾸밈없는 자연 그대로'의 사상과 맥락을 같이한다고 본다.

　참장수련을 하는 과정에서 거욕(去慾)이 무심(無心)의 경지를 이끈다고 보고 체험현장에서 내맡김과 몰입을 하게 될 때 수련자를 신명의 경지로 이끌어 가는 것으로 추정해 보았다. 수련자가 몸의 감각에 충실할 때 심신일여의 상태에서 일어나는 실천지(實踐知)가 수련의 묘미와 깊이를 더하게 한다고 본다. 수련 기술(技術)에서 진일보하여 예(藝)나 도(道)에 다다르게 하는 핵심을 심신일여에서 오는 '내맡김'이라고 보았다.

에필로그

　인간은 행복에 대하여 접근과 회피를 지속적으로 추구하고 실행하는 존재이다. 현대사회는 인간이 지닌 지혜로 행복을 추구하기 위해 어느 때보다 열을 올리고 있다. 많은 이들이 행복 획득의 방도는 지식의 확충에 있다고 믿고 앞다투어 배움의 길로 나섰다. 그 결과 수많은 경쟁과 쉼 없는 일만이 우리 앞에 존재하게 되었다. 그리고 인지 지식의 수준은 온 세상을 정보화사회로 구축할 정도로 발달되어 있다. 인간의 지식수준은 어느 분야이든 미래예측을 빈틈없이 하고 있으나 몸의 행복에 대한 미래는커녕 현재도 제대로 파악하지 못하고 있다. 한 예로 의학은 줄기세포 연구로 인간을 장생의 길로 인도하여 행복하게 만들어 줄 청사진을 예측하고 있으나 몸을 기능체 이상의 의미로는 보고 있지 않다. 장기를 이식한 신체가 자기를 구성하는 과거와 현재와 미래를 담고 있는 자아에 대한 내면을 내포하고 있는지에 대한 검토는 없는 것 같다. 향후 어떠한 일이 일어날지 아무도 예측하지 못한 채 몸을 대상으로만 바라보고 있다. 이와 같이 인식론도 전일적이고 통합적인 견지를 갖추지 못하고 있다고 본다.

현대인은 근래의 웰빙 열풍에 힘입어 많은 사람들이 운동에 참여하고 있다. 잘못된 운동지식으로 서양식이든 동양식이든 가리지 않고 몸에 좋다는 위로의 말과 함께 밤낮으로 운동에 열중하다 사망하는 경우도 발생하곤 한다. 마치 금단(金丹)이라고 여긴 수은을 먹고 사망한 황제들의 경우와 다를 바 없다. 운동에 앞서 몸의 이해가 앞서야 할 것이다. 또한 몸을 둘러싸고 있는 환경 다시 말해 우주자연에 대한 이해를 몸소 체험하는 총체적이고 예술적인 오감이 요구된다. 몸은 느낌과 자율이라는 체계를 가지고 출발한다. 때때로 우리가 아는 지식과 동떨어진 방향으로 제 갈 길을 성실하고 진지한 태도로 가고 있다. 우리는 그것을 종종 무시할 때가 많다. 그래서 몸과 마음이 일치하는 때를 알지 못하고 휴식도 모르는 채 '지금 여기'에 머물지 못하여 삶의 행복에 대한 느낌이 감소하고 있다.

한 발자국 물러나 자아의 내면을 보는 것은 하나의 쉼이라고 볼 수 있다. 내면을 바라보는 동양인의 수련 자세(예로 기공이나 명상, 요가, 동방무예)는 익히 잘 알려져 왔으나 일반인들에게는 아직도 막연한 개념으로 다가서고 있다. 동양의 수련에 담겨 있는 자아의 내면을 바라보는 학습도 머리로 하려는 의식이 남아 있고 몸으로 하는 학습에는 익숙하지 않고 있다. 몸과 함께 수련을 한다는 선인들의 경험과 지혜는 오늘의 우리에게 몸을 다시 바라보라는 메시지이다. 몸을 바라보는 것은 내 안의 나를 재발견하고 나를 넘어서는 것이다. 몸을 바라보는 것에 친숙하지 않은 우리는 퍼포먼스에 대해 의아하게 생각한다. 단순히 나를 움직이게 하는 것으로 만족하고 있었으나 그 안에 나를 발견하게 되는 요소가 있다는 것을 간과하고 살아왔기 때문이라고 본다.

나와 동일시되는 몸이 곧 나이며 나를 찾는 것이 행복으로 가는 길이라고 여긴다. 그러한 방법으로 현대인의 부족한 운동과 쉼을 동시에 제공해 주는 여러 가지 방법 중에서 참장을 제시해 보았다. 처음에는 익숙하지 않은 참장자세에 수련자들이 힘들어했지만 짧은 시간 안에 자세를 터득했고, 참장자세의 정동(靜動)에서 오는 고요함과 쉼을 통해서 수련자 중의 일부는 몰아의 경지에까지 다다르게 되었다고 했다. 그 경지는 텅 빔이었고 고요함이었다고 말했다. 이 경지는 천지자연의 법칙인 음양의 조화로움과 일치한다고 본다. 우주자연 본연이며 기본 규율을 총칭하는 이법적인 하늘과 상응하여 몸을 재발견하려는 노력은 상당히 가치 있는 일이라고 본다.

참고문헌

葛洪, 『抱朴子內篇』.

김일권(2008), 「진한대 방사의 성격과 방선도 및 황로학의 관계 고찰」 『동국사학』.

김정명(2006), 『체육철학연습』, 명지대학교출판부.

김정태(1999), 『기공의 기초입문』, 삼호미디어.

김태은(2008), 「회남자와 황제내경의 치신양생론」 『의철학연구』.

김필수 · 고대혁 · 장승구 · 신창호 옮김(2006), 『관자』, 소나무.

안덕해(2000), 『(누구나 쉽게 배우는)소림기공건강법』, 중앙m&b.

안훈모 · 길호식 · 김광호(1998), 「중국 역사초기시대의 기공양생가의 사상 및 공법에 대한 고찰」 『대한의료기공학회지』.

왕필 지음, 임채우 옮김(1997), 『왕필의 노자』, 예문서원.

王薌齊 저, 『王薌齊傳集選』, 大成拳 宗武館 內部資料.

呂光榮 主編(1994), ≪中國氣功辭典≫, 北京, 人民衛生出版社.

염정삼(2008), 『說文解字』, 서울대학교출판부.

윤상희 · 이상룡(1994), 「오신의 기원에 관한 문헌적 고찰」 『대한원전의사학회지』.

윤진인 저(2005), 이윤희 역, 『性命圭旨』, 한울.

이동현(1990), 『건강기공』, 정신세계사.

이상은(2003), 「중국인의 문화심리구조 형성에 관한 고찰」 『유교사상연구』, 한국유교학회.

이석명(2004), 「황로백서의 형명무위정치론」 『강원인문논총』.

이석명(2005), 「해로 · 유로의 황로학적 성격과 그 사상사적 의미」 『동양철학 제23집』.

이석명(2004), 『노자도덕경하상공장구』, 소명.

이윤희 역, 윤진인 저(2005), 『성명규지』, 한울.

인문종(2002), 『양생기공처방』, 이화문화사.

장광식·이철 역(1990), 『신화 미술 제사』, 동문선.

張志哲 主編(1994), ≪道敎文化辭典≫, 江蘇古籍出版社.

錢 云(1999), 『養生人文經典選讀』, 人民文化體育出版社.

<중앙일보>, 2007. 12. 17. 31면.

진흠 저, 김종식·박태섭 편역(2003), 『陳氏太極圖說』, 밝은빛.

馮友蘭(1984), 『中國哲學史新編』, 北京社會科學出版社.

최준(2003), 「중국의 샤머니즘 개념 형성과 전개」 『샤머니즘연구 제5집』,
     한국샤머니즘학회.

한국사상연구회(2000), 『도설로 보는 한국 유학』, 예문서원.

정용하

광주고등학교 졸업
중앙대학교 경영학과 졸업
열린사이버대학교 심리학과·사회복지학과 졸업
원광대학교 동양학대학원 문학석사
명지대학교 대학원 이학박사
전) 아모레퍼시픽 그룹경영관리본부
　　명지대학교 강사
　　상명대학교 평생교육원 강사
현) 화성시 생활체육 요가연합회장
　　한국정신과학학회 회원
　　국민건강보험공단 강사
　　한국은퇴자협회(NGO) 수원지회장

양 밤과 교육하는 — 동
양인은
왜
몸을
닦는가

초 판 인 쇄 | 2011년 3월 25일
초 판 발 행 | 2011년 3월 25일

지 은 이 | 정용하
펴 낸 이 | 채종준
펴 낸 곳 | 한국학술정보㈜
주   소 | 경기도 파주시 교하읍 문발리 파주출판문화정보산업단지 513-5
전   화 | 031) 908-3181(대표)
팩   스 | 031) 908-3189
홈 페 이 지 | http://ebook.kstudy.com
E - m a i l | 출판사업부 publish@kstudy.com
등   록 | 제일산-115호(2000. 6. 19)

ISBN   978-89-268-2030-8 93150 (Paper Book)
             978-89-268-2031-5 98150 (e-Book)